本书获得国家自然科学基金项目“移动购物中环境刺激对消费者持续意愿的影响研究——基于情绪视角”（71601051）的资助

经济管理学术文库 • 管理类

企业移动营销绩效的影响因素研究

A Study on the Influencing Factors of Enterprise's Mobile Marketing Performance

何军红／著

经济管理出版社
ECONOMY & MANAGEMENT PUBLISHING HOUSE

图书在版编目（CIP）数据

企业移动营销绩效的影响因素研究/何军红著. —北京：经济管理出版社，2018.6
ISBN 978-7-5096-5817-8

Ⅰ.①企… Ⅱ.①何… Ⅲ.①企业管理—网络营销—研究 Ⅳ.①F274-39

中国版本图书馆CIP数据核字（2018）第109019号

组稿编辑：张　艳
责任编辑：张巧梅
责任印制：黄章平
责任校对：赵天宇

出版发行：经济管理出版社
（北京市海淀区北蜂窝8号中雅大厦A座11层　100038）
网　　址：www.E-mp.com.cn
电　　话：（010）51915602
印　　刷：三河市延风印装有限公司
经　　销：新华书店
开　　本：720mm×1000mm/16
印　　张：14.25
字　　数：203千字
版　　次：2018年6月第1版　2018年6月第1次印刷
书　　号：ISBN 978-7-5096-5817-8
定　　价：49.00元

前　言

移动营销是指以消费者为目标并通过移动渠道进行的任何形式的营销、广告或销售促进活动。2018 年 1～2 月，移动电话用户净增 2406 万户，2 月末总数达到 14. 4 亿户。移动宽带用户总数达到 11. 7 亿户，占移动电话用户的 80. 9%，4G 用户总数达到 10. 3 亿户，4G 用户占移动电话用户的 71. 6%。随着移动用户的迅速增加及移动通信技术的迅猛发展，企业对移动营销也表现得更加重视，但企业在开展移动营销的过程中，却障碍重重。以移动购物为例，研究显示，与传统网络端购物相比，移动销售端的表现并不尽人意，移动购物端的退出率要高 50%，购物车添加率要低 30%，购物车产品忽略率高 10%，交易完成率低 37%。其中部分原因在于，尽管越来越多的企业在移动购物中开展营销刺激活动，但企业在营销计划与执行上却表现得不够理想，无法适应快速变化的环境，导致顾客在移动端的维系率不高（Berman，2016）。因而，探讨改善企业移动营销绩效的方式与方法，有助于企业制定正确的移动营销策略，合理分配营销资源，进而改善企业的盈利状况。

随着移动营销在企业界的迅速发展，理论界的研究也不甘示弱，但有关移动营销绩效的影响因素及测量因素的研究尚存在不足，而且，在研究移动营销影响因素时，文献之间的结论还存在一定分歧。因此，本书在前人研究的基础上，对移动营销的发展状况进行了研究，并通过实证研究方法探讨了影响企业移动营销绩效的因素及各因素之间的关系，在此基础上，为企业提出了一些实践上的建议。

通过本书的研究将达到以下几个目的：①总结移动营销的主要应用工具

及现存的主要问题；②通过文献与实践探讨影响移动营销绩效的各类因素；③开发符合中国文化特征的可行的研究量表；④构建移动营销绩效的影响因素模型，并揭示各变量之间的作用机理；⑤根据本书研究结果为企业顺利开展移动营销活动并取得良好的绩效提供有针对性的可行性建议。

本书的研究方法主要采用了文献研究法、问卷调查法、描述性统计分析法、因素分析法、信度分析法、AMOS 结构方程模型分析法等。

本书共由五部分构成：

第一部分为导论。此部分是对整个研究的概括性介绍，主要内容包括研究背景、研究意义、研究目的与研究概览、研究内容及主要创新点、研究方法及技术路线等。

第二部分为文献综述。此部分对近十几年来国内外关于移动营销研究、移动营销绩效的测量因素研究、技术接受理论与相关消费者行为研究理论及移动营销绩效的影响因素研究等方面的文献进行了较全面的综述。

第三部分为移动营销发展概述。对移动营销的发展阶段、特征、主要应用工具及存在的问题进行了详细陈述。

第四部分为移动营销绩效影响因素的实证研究。在文献研究的基础上，本部分将移动营销绩效的影响因素：技术因素、消费者创新性、个性化、许可、娱乐作为前因变量，将易用性、有用性作为中介变量，将移动营销绩效的测量因素意愿作为结果变量，提出了实证研究部分的研究假设及理论模型。然后逐一提出各变量的度量指标，并在对预试量表进行信度与效度分析的基础上确定正式调查量表。最后通过正式问卷的收集及数据分析，对量表及假设模型进行了检验，并对数据分析结果进行了解释。

第五部分为结论。本部分是对整个研究的一个总结，归纳本书的主要发现和结论；指出了本书的理论贡献，并提出了一些实践建议；最后，指出了本书中存在的问题和不足，并为今后的研究工作指明方向。

本书的实证研究结果表明，技术因素对意愿没有直接影响，而是通过易用性和有用性才会对意愿形成间接影响；消费者创新性一方面对意愿产生直接影响，另一方面通过易用性与有用性对意愿产生间接影响；个性化对意愿没有直接的影响，而是通过易用性与有用性来对意愿产生间接影响；许可对意愿产生直接影响；娱乐对意愿产生直接影响，并通过有用性对意愿产生间接影响；易用性通过有用性对意愿产生间接影响；有用性对意愿产生直接影响。因而，要提升企业的移动营销绩效，各方需要努力促进移动技术水平的提高；企业要提升自身的移动营销能力，着重从提升移动营销活动的个性化、娱乐性及许可水平等方面着手；移动营销活动针对创新性消费者来开展更容易取得的效果。

本书实证部分建立的移动营销绩效的影响因素模型，可以对现有的移动营销理论做出一定的扩展与补充，具体表现在以下几个方面：

（1）将消费者意愿作为移动营销绩效的测量指标。对营销绩效的测量，更多研究是从财务指标（如净利润、销售利润率、投资回报率）和市场性指标（如销售增长率、市场占有率）等方面来测量，较少地从消费者角度来进行测量。由于企业的移动营销活动是否能取得好的效果，与消费者对这一新的营销方式的接受意愿直接相关。因此，从消费者意愿的角度来测量移动营销的绩效可能比从财务角度来评价更加合理。

（2）提出了企业移动营销能力的研究。在研究移动营销的影响因素时，现有研究更多地从技术因素、风险因素等方面进行研究，对企业移动营销能力的研究关注不够。本书认为，企业要提升移动营销绩效，应下大力气提升自身的移动营销能力与设计水平，着重从提升移动营销活动的个性化、娱乐性、许可水平等方面着手。

（3）增加了消费者创新性及其对易用性的影响。本书增加了消费者创新性这一因素，以探讨影响移动营销绩效的方法。其他技术接受研究领域表明，消费者创新性对消费者的接受意愿具有显著性影响，但这种影响是否会影响到易用性，并进而影响到移动营销绩效，尚值得探讨。

目　录

1 导论

1.1 研究背景

移动营销是指以消费者为目标并通过移动渠道进行的任何形式的营销、广告或销售促进活动。美国移动营销协会（Mobile Marketing Association, MMA）在2009年对移动营销定义，即“移动营销是指基于定位的、经由移动设备或网络进行的，通过个性化定制与消费者相关的互动的形式，是企业与消费者能沟通交流的一系列（营销）实践活动。”随着移动通信技术的发展，企业对移动营销方面也表现得更加重视，移动通信最主要的特点是更即时、更快速、更便利，而且也不会有任何地域限制。我国的移动通信在1987年投入商用，从20世纪90年代末开始持续高速增长，特别是2000年以来，每年新增用户6000万户。2003年10月，我国的移动用户超过固定用户，成为第一大通信手段。中国工信部最新数据显示①，2018年1~2月，移动电话用户净增2406万户，2月末总数达到14.4亿户。移动宽带用户（即3G和4G用户）总数达到11.7亿户，占移动电话用户的80.9%，1~2月累计净增3481万户。2月末，4G用户总数达到10.3亿户，1~2月净增3555万户，4G用户占移动电话用户的71.6%。2018年2月末，移动互联网用户总数达到

① 运行监测协调局，2018年2月通信业经济运行情况，2018-03-23［2018-04-08］. http://www.miit.gov.cn/n1146312/n1146904/n1648372/c6104255/content.html.

12.8 亿户，1~2 月净增达 1008 万户，同比增长 14.8%。使用手机上网用户达到 11.9 亿户，对移动电话用户的渗透率为 82.3%。2018 年 2 月，移动短信业务量和收入同比实现由负转正。受春节期间企业短信业务爆炸式增长影响，1~2 月，全国移动短信业务量完成 1114 亿条，同比上升 8.4%，增速实现由负转正。移动短信业务收入完成 57 亿元，同比增长 1.3%。移动彩信业务量同比下降 11.2%，发送总量 72 亿条。2018 年 2 月，户均移动互联网接入流量达 2.63GB，1~2 月移动互联网累计流量达 68.9 亿 GB，同比增长 186%。其中，通过手机上网的流量达到 67.2 亿 GB，同比增长 206%，占移动互联网总流量的 97.5%。2 月当月户均移动互联网接入流量达到 2.63GB，同比增长 151%。

另外，随着移动通信技术的发展，以手机为中心的智能设备，已成为“万物互联”的基础。车联网、智能家电促进“住行”体验升级，构筑个性化、智能化应用场景。移动互联网服务场景不断丰富、移动终端规模加速提升、移动数据量持续扩大，为移动互联网产业创造更多价值挖掘空间。与此同时，消费者的消费行为也发生了巨大变化，消费者从以往必须在实体店购买的单一购买方式转变为多样化的购买方式，如通过手机在淘宝移动商店、微信公众号等移动社交圈下单完成购物等。消费者对移动设备如手机、平板电脑等的使用越来越普遍，手机已成为人们生活必不可少的一部分，使得人们普遍成为“低头一族”。人们对移动广告信息的捕捉相对线下广告更为敏锐，移动广告的传播速度也更快。另外，消费者的购买、支付方式从传统支付方式如现金支付、PC 端支付等转移到移动手机端支付，如今很多消费者出门身上不再带现金、银行卡，而是拿着手机，手机已成为人们日常消费支付必不可少的一部分。数据显示，2017 年“双十一”期间，天猫、京东等销售平台及零售商移动端成交额占总额的比例约 90%①，移动商务也呈现出强劲的发展趋势。

---

① 2017 年中国“双十一”全网销售额、市场占有率、移动端占比及客单价分析．中国产业信息网，2017-11-24. 取自 http：//www.chyxx.com/industry/201711/586171.html.

以上数据充分显示，随着国内手机用户的迅速增长以及短信、彩信、彩铃、WAP、手机游戏等移动通信业务的迅猛发展，企业已在其经营过程中开始大量使用移动业务，移动营销迎来了前所未有的发展机遇。许多零售商与生产企业将移动设备作为一种营销工具，通过移动设备，企业可以低成本的方式向移动用户发送信息而不是通过传统的方式发送信息。许多日本、韩国的零售商、饭店、制造商和其他企业使用移动营销来向注册用户发送优惠券、实施调查并提供免费样品。例如，2014 年，优衣库推出的“码上优衣库”APP，成功地让千万消费者用手机与它的产品连接起来，实现了零售渠道与移动互联网的整合，提升了其品牌影响力。许多商店为用户提供移动优惠券，以创造出一种灵活的价格，让利于顾客。新的技术如二维码扫描、手机定位及 Java 等在手机上的应用，为零售商在发展与客户的关系上提供了新的渠道。例如，一些零售商通过使用店内扫描仪来读取手机屏幕上的二维码以识别客户，从而完善商家的移动数据库与 POS 数据库。如果消费者购买了一件商品，不管他是否使用了优惠券，他的名字都将显示在收银机的屏幕上，同时还有邮寄地址。这样，零售商通过在顾客手机上内置一种特殊的装置，就可以登记或者更新顾客的邮件地址，这就可以激活邮件功能并自动向零售商的服务器发送信息。获取邮件地址使得零售商可以通过地址来区分顾客并开展他们的营销活动。手机也可以作为顾客忠诚计划的一种工具。第一种方法是使用二维码作为用户的身份，并且当他们购买商品时为之提供具体信息；第二种方法是使用微信或者 APP 软件，让用户注册成会员，将其发展成为稳定客户群。

以上这些手机在企业营销中的应用，被业界称为移动营销。随着手机在商业应用中的深入发展，移动营销得到迅猛发展，但在发展过程中却障碍重重。以移动购物为例，研究显示，与传统网络端购物相比，移动销售端的表现并不尽人意，移动购物端的退出率要高 50%，购物车添加率要低 30%，购物车产品忽略率高 10%，交易完成率低 37%。其中部分原因在于，尽管越来越多的企业在移动购物中开展刺激营销活动，但企业在营销计划与执行上却表现得不够理想，无法适应快速变化的环境，导致顾客在移动端的维系率不高（Berman，2016）。因而，探讨改善企业移动营销绩效的方式与方法，有助于企业制定正确的移动营销策略，合理分配营销资源，进而改善企业盈利状况。

移动营销的迅猛发展也引来了理论界的关注，如何德华和鲁耀斌（2009）采用UTAUT模型中的核心变量、IDT中的个人创新性和TTF的任务技术匹配这几个方面的变量探讨消费者对移动广告的态度和接受程度。尽管关于移动营销的研究成果日益增长，但研究仍处于发展阶段，且各研究之间差异较大而且比较零散（Varnali & Toker，2010）。

因而，本书在前人研究的基础上，对移动营销的发展状况进行了研究，并通过实证研究方法探讨了影响企业移动营销绩效的因素及各因素之间的关系，在此基础上，为企业提出了一些建议。

1.2 研究意义

1.2.1 理论意义

移动营销（Mobile marketing）是指以消费者为目标并通过移动渠道进行的任何形式的营销、广告或销售促进活动（MMA UK，2003）。也就是利用无线通信媒介作为传播内容进行沟通的主要渠道，所进行的跨媒介营销，这里的无线通信媒介无疑就是被称为“第五媒体”的手机（MMA，2005）。近几年来，移动营销的快速发展引起了学术界的高度关注，国内外的学者们纷纷投入了对移动营销的研究当中，并分别对其定义进行了相关补充。如移动营销是指企业使用移动媒体、设备或技术与顾客进行双向或多向的交流与推广（Shankar & Balasubramanian，2009）；移动营销是指利用交互式无线介质为客户提供个性化的信息，以促进商品、服务和理念的推广，从而为所有利益相关者创造价值（Bosilj & Jurinjak，2009）；移动营销是指以吸引手机、平板电脑等移动终端用户为目的，用户通过登录企业网站平台，浏览企业定制广告、下载或使用APP程序并提供各类服务的形式建立客户数据资料库，进而扩大企业品牌的知名度和忠诚度，最终实现盈利（魏巍，2015）；也有相关的研究结合4R营销理论，将移动营销定义为：基于移动设备和网络，以快速响应消费者的个性化需求为目的，随时随地与消费者进行互动和推广的过程，最终实现企业和消费者互惠关系最大化（孙永波，高雪，2016）等。在对大量移动营销相关概念进行归纳与分析的基础上，本书最后将移动营销的概念界定为：以消费者为目标并通过移动设备进行的任何形式的营销沟通活动。

目前，对移动营销的理论研究主要集中在移动营销战略、移动营销模式、移动营销的伦理与法律问题（Ngai & Gunasekaran，2007）、移动营销的价值链、移动营销过程中增值服务的消费者接受度研究（Hyunjoo et al.，2010；何德华，鲁耀斌，2009）等方面，而有关移动营销绩效的影响因素的研究尚存在不足。而且，研究结论之间还存在一定的分歧，如在评价感知易用性对消费者意愿的影响上，有的研究者认为前者对后者有较强的影响（Hung，Ku，Chang，2003），但有的研究者认为影响不大（Wu & Wang，2005）。在研究感知有用性对消费者意愿的影响上，有的认为前者对后者有较强的影响（Wu & Wang，2005），但有的学者却认为影响不大。本书建立的移动营销绩效的影响因素模型可以对现有的移动营销理论做出一定的扩展与补充，具体表现在以下几个方面：

（1）对研究量表进行了一定改进。量表的信度和效度水平高低直接影响到研究结论的科学性。本书根据中国文化的特点，在保持国外成熟量表本质含义的基础上，对研究量表进行“中国本土化”改进。除此之外，本书中所依据的量表，有些是从移动商务领域借鉴过来的，有些是从信息技术领域借鉴过来的，而且围绕移动营销领域做了一定的改进，所有研究变量除了“消费者创新性”指标题项外，均是直接与移动营销相关的题项。

（2）从消费者意愿的角度来测量营销绩效。传统的研究营销绩效的文献主要从财务指标（如净利润、销售利润率和投资回报率）以及市场性指标（如销售增长率、新产品开发和市场拓展）来衡量（Covin & Slevin，1991；Morrison & Roth，1992；Dess ，Lumpkin ，Covin，1997）。本书主要从消费者意愿的角度来测量移动营销绩效，不同于以往有关移动营销的研究。

（3）构建了移动营销绩效的影响因素模型。本书鉴于理论研究中的分歧与现实的发展，将易用性与有用性整合于移动营销绩效的影响因素与移动营销绩效的测量因素关系的研究之中，分别从技术、消费者、营销三个方面探讨影响移动营销绩效的因素，构建了一个移动营销绩效的影响因素模型。实证研究表明，易用性与有用性是技术因素、消费者创新性、个性化与意愿之间关系的中介变量；有用性是个性化、娱乐与意愿之间关系的中介变量。该研究发现从某种程度上对现有的移动营销理论形成了一定补充。

1.2.2 实践意义

虽然，已有一些企业从移动营销活动中获利颇多，然而，多数企业开展移动营销并未取得预期效果，而且大多数企业也难以准确地评价开展移动营销的绩效。本书对移动营销进行了基本概述，以帮助企业了解主要的移动营销应用方式。另外，本书所提出的移动营销绩效的影响因素可以为企业提供针对性建议，有助于其抓住营销工作重点，合理分配营销资源，有效设计移动营销活动。具体来说，本书的发现对于企业移动营销实践来说有如下三方面的启示。

（1）有助于企业了解移动营销的主要应用。本书对移动营销的主要应用方式如短信广告、彩信广告、彩铃广告、手机互动游戏、二维码营销、微信营销及 APP 营销等进行了逐一陈述，有助于企业了解每一种方式的实施细节与途径，帮助在某种程度上掌握移动营销。

（2）有助于促进企业与第三方合作提升移动通信技术水平，提升移动营销绩效。从技术因素影响消费者对移动营销接受意愿的实证结论可以得知，企业仅仅靠自己在移动营销方面的努力是远远不够的，必须想办法动员政府、研究机构、运营商及其他相关各方来加大移动通信市场的技术投入，主要包括手机设备技术投入、移动通信网络投入、移动数据服务的开发及移动安全技术等。在良好的网络衔接、准确的信息接收、多样化的移动数据服务供给的情况下，消费者接受企业移动营销的意愿也就更强了。这样，企业开展移动营销活动就更容易取得良好绩效。

（3）有助于企业寻找移动营销更适合的营销对象。研究表明，消费者的创新性对其接受移动营销的意愿会产生显著影响。此外，常亚平和朱东红（2007）通过实证研究发现，消费者的创新性水平显著影响其网上购物意愿。与保守型消费者相比，创新性水平较高的消费者更容易产生移动营销参与意愿。企业的长期发展和保持利润的稳定增长，不能仅仅吸引新顾客光顾企业，还要通过各种方法来保证消费者在该企业平台上发生购物行为和进行购物决策。因此，当移动营销在消费者心目中还是一个较新颖的商业模式时，企业针对创新性强的消费者来开展移动营销更容易取得事半功倍的效果。

（4）有助于指导企业设计合理的移动营销活动，改善企业移动营销绩效。研究表明，企业移动营销的个性化、许可、娱乐分别对消费者的接受意愿产生直接或间接的影响。因此，企业首先应建立消费者的移动数据库，了解消费者的时间、位置、偏好、兴趣等，然后在此基础上设计个性化的移动营销活动和信息，以提升消费者参与企业移动营销的意愿。其次，企业在针对消费者开展移动营销之前，最好应获得消费者的许可（如简单的注册），或者为消费者提供退订条件，这样可以减少消费者的疑虑，从而激发他们参与移动营销的热情。最后，由于绝大多数消费者具有娱乐需求，而且已经将手机当作一种娱乐工具，因此设计娱乐性的移动营销活动更能提升消费者的认同，并吸引他们参与企业的营销活动，从而提升企业的移动营销绩效。

1.3 研究目的与研究概览

1.3.1 研究目的

本书的主要目的是通过对国内外有关移动营销的研究文献进行梳理，对影响企业移动营销绩效的因素进行探讨；在此基础上开发出各测量量表，并收集消费者手机消费数据，对概念模型中的关系假设进行验证，进而确定移动营销绩效各影响因素与移动营销绩效测量因素之间的关系。通过本次研究将达到以下几个目的：①总结移动营销的主要应用工具及现存的主要问题；②通过文献与实践探讨影响移动营销绩效的各类因素；③开发符合中国文化特征的可行的研究量表；④构建移动营销绩效的影响因素模型，并揭示各变量之间的作用机理；⑤根据实证研究结果为企业顺利开展移动营销活动并取得良好的绩效提供有针对性的可行性建议。

1.3.2 研究概览

研究概览包括研究类型、研究变量、实证范围和研究方法等内容的界定，本书的概览如表 1-1 所示。

表 1-1 本书概览

名称	内容
研究重点	移动营销绩效的影响因素实证研究
研究变量	技术因素、消费者创新性、个性化、许可、娱乐、易用性、有用性、意愿
理论基础	移动营销理论、TAM 理论、TAM2 理论、UTAUT 理论、TPB 理论、TRA 理论、IDT 理论等
实证范围	广东、浙江、河北、湖北、湖南、内蒙古六省市
分析单位	消费者

续表

名称	内容
时间构面	横断面
研究方法	文献研究法、问卷调查、描述性统计、因素分析、信度分析、AMOS 结构方程模型分析等

1.4 研究内容及主要创新点

1.4.1 研究内容

本书主要是对移动营销的发展概况进行了概述，并探讨了移动营销绩效的影响因素（技术因素、消费者创新性、个性化、许可、娱乐）与移动营销绩效的测量因素（消费者意愿）之间的关系，本书的主要内容包括：

（1）对移动营销的发展状况进行了概述。陈述了移动营销的发展历程、主要特点、主要应用工具及现存的问题等。

（2）探讨了技术因素对移动营销绩效的影响。本书在文献综述的基础上提出研究假设并构建理论模型，并以此为基础设计各个研究变量的研究量表，通过实证研究探讨了技术因素对移动营销绩效的测量因素消费者意愿的影响。

（3）探讨了消费者创新性对移动营销绩效的影响。本书在文献综述的基础上提出研究假设并构建研究的理论模型，并以此为基础设计各个研究变量的研究量表，通过实证研究探讨了消费者创新性对移动营销绩效的测量因素消费者意愿的影响。

（4）探讨了营销因素（个性化、许可、娱乐）对移动营销绩效的影响。本书在文献综述的基础上提出研究假设并构建研究的理论模型，并以此为基础设计各个研究变量的研究量表，通过实证研究探讨了营销因素（个性化、许可、娱乐）对移动营销绩效的测量因素消费者意愿的影响。

1.4.2 主要创新点

本书主要创新点体现在以下几个方面：

（1）将消费者意愿作为移动营销绩效的测量指标。对营销绩效的测量，更多研究是从财务指标（如净利润、销售利润率、投资回报率）和市场性指标（如销售增长率、市场占有率）等方面来测量，较少从消费者角度来进行测量。由于企业的移动营销活动是否能取得好的效果，与消费者对这一新的营销方式的接受意愿直接相关。因此，从消费者意愿的角度来测量移动营销的绩效可能比从财务角度来评价更加合理，这不同于以往移动营销研究。

（2）提出了企业移动营销能力的研究。在研究移动营销的影响因素时，现有研究更多地从技术因素、风险因素等方面进行研究，对企业移动营销能力的研究不足。本书认为，企业要提升移动营销绩效，应下大力气提升自身的移动营销能力与设计水平，着重从提升移动营销活动的个性化、娱乐性、许可水平等方面着手。

（3）增加了消费者创新性及其对易用性的影响。本书在 Scharl 等（2005）的基础上增加了消费者创新性这一因素，以探讨影响移动营销绩效的方法。其他技术接受研究领域表明，消费者创新性对消费者的接受意愿具有显著性影响，但这种影响是否会影响到易用性，并进而影响到移动营销绩效，尚值得探讨。

1.5 研究方法及技术路线

研究方法与技术路线的科学与否直接关系到研究的最终质量，它是研究工作开展的步骤和程序，因此需要在研究的开始阶段确定。本书的技术路线是：首先通过文献查阅和理论研究，确定研究对象和主要研究内容；其次，对移动营销的发展状况进行了探讨；再次，在文献研究及移动营销发展现状的基础上提出研究假设，确定各变量之间的关系，建立理论概念模型；在此基础上，设计预试调查问卷，并对预试数据进行分析，然后确定正式调查问卷；最后，利用SPSS、AMOS等统计软件对正式调查数据进行分析，验证研究假设，提出研究结论，具体技术路线如图1-1所示。

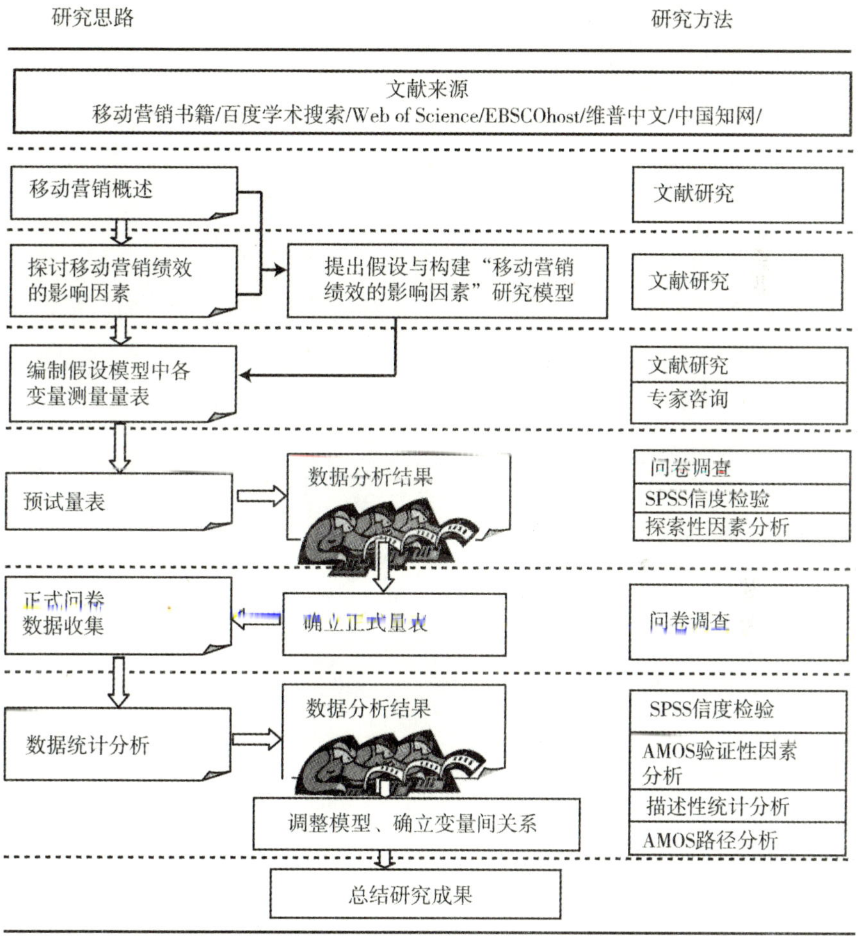

图1-1 本书技术路线图

2 文献综述

移动营销在企业界的迅速发展吸引了各个领域的研究者来研究这一现象。有关移动营销的理论研究最早可以追溯到2001年。这些年来，受对移动营销成功前景过于乐观预测的影响（Leppaniemi & Karjaluoto, 2005），以及移动营销成功案例的激发，有关移动营销的学术研究成果增长也较为迅速。Leppaniemi等（2006）对2000年1月~2006年2月的文献进行搜索，一共选择了50篇有关移动营销的论文进行研究，并将这些论文分为定性研究和定量研究两种类型。通过研究，他们发现移动营销理论的研究并没有一个普遍接受的研究分类。但为了明确研究重点，他们将研究论文分为三种类型：消费者角度，主要集中研究移动营销的接受、感知、态度、反应和效果等；企业和管理角度，集中研究价值链、绩效测量、企业模型、品牌和应用等；一般角度，主要集中研究移动营销的前因和结果、法律和政策问题、采纳和推广问题等。

Varnali和Toker（2010）通过对移动营销的研究文献进行梳理和分类，为研究者的后续研究提供了有力依据。他们调查了2000~2008年的82本杂志共255篇有关移动营销的文献，并将它们分为以下四种类型：①理论研究文献，这类文献着重于概念性的研究及对移动营销现象的发现和解释，如移动营销和移动商务的概念、电子商务与移动商务之间的区别、移动营销市场的范围、移动媒介的特征（如普遍性、方便性、个性化、本地化、灵活性、自发性、即时性、可到达性和即时连接性等）、移动商务的驱动因素和阻力因素、移动营销目前的发展状况和未来的前景等；②战略研究文献，包括移动营销战略、移动营销工具和应用等；③消费者研究文献，包括移动营销的接受与采纳、移动营销中的信任角色、移动满意与移动忠诚、移动营销的态度、感知价值与价值创造等；④法律与公共政策研究文献等。

尽管关于移动营销的研究成果日益增长，但研究仍处于发展阶段，且各研究之间差异较大而且比较零散（Varnali & Toker，2010）。有些研究分类具有明显交叉重复的地方，如有关移动营销的接受研究与有关移动营销的采纳和推广研究，现有文献研究其实都是消费者的接受与采纳意愿，且指的是同一问题。

可以说，近些年来，移动营销研究文献增长迅速，而且数量众多。但考虑到本书的需要，本书在进行文献综述时，主要针对与研究密切相关的文献进行梳理与分析。

2.1 移动营销的概念界定

对移动营销的理解，不同学者与机构有着不同解释。英国移动营销协会认为，移动营销是指以消费者为目标并通过移动渠道进行的任何形式的营销、广告或销售促进活动（MMA UK，2003）。Kavassalis 等（2003）认为移动营销是使用移动网络作为分销渠道的补充来传递即时的商业资讯和互动广告。美国移动营销协会 MMA（2005）给出了移动营销的定义：移动营销（Mobile marketing）就是利用无线通信媒介作为传播内容进行沟通的主要渠道，所进行的跨媒介营销。这里的无线通信媒介无疑就是被称为“第五媒体”的手机。研究者在对移动营销现象进行描述时，主要采用了如下六种概念，如表 2-1 所示。

2.1.1 移动互联网营销（Mobile Internet Marketing）

我国学者梁瑞仙（2017）认为移动互联网营销是一个移动商务服务的全新营销模式。具体来说，移动互联网营销切实融合了移动通信技术和互联网，面向的是移动终端用户，具体以移动终端为营销平台，与消费者进行信息互动，并借助移动网络向受众传递个性化即时信息，最终完成市场营销目标。

2.1.2 移动营销（Mobile Marketing）

Kaplan（2012）用了“移动营销”这一概念，认为移动营销是指通过个人移动设备不断连接的广泛网络开展的任何营销活动。Bauer 等（2005）认为移动营销是创新性的商务沟通形式，即为个人的、无处不在的、互动的、本地的、对话式的沟通。Dickinger 等（2004）认为移动营销是使用交互的无线媒介为消费者提供特定时间、特定地点的个性化信息，以促销商品、服务和理念，从而使所有利益相关者获益的营销方式。Shankar 和 Balasubramanian（2009）认为移动营销是指企业使用移动媒体、设备或技术与顾客进行双向的或多向的交流与推广，后来在崔楠等（2016）的研究中也采取该概念对移动营销进行定义。在 Bosilj 和 Jurinjak（2009）的研究中，移动营销是指利用交互式无线介质为客户提供个性化的信息，以促进商品、服务和理念的推广，从而为所有的利益相关者创造价值。魏巍（2015）认为移动营销是指以吸引手机、平板电脑等移动终端用户为目的，用户通过登录企业网站平台，浏览企业定制广告、下载或使用 APP 程序并提供各类服务的形式建立客户数据资料库，进而扩大企业品牌知名度和忠诚度，最终实现盈利。孙永波和高雪（2016）在结合 4R 营销理论的基础上将移动营销定义为：基于移动设备和网络，以快速响应消费者的个性化需求为目的，随时随地与消费者进行互动和推广的过程，最终实现企业和消费者互惠关系的最大化。

2.1.3 移动 APP 营销（Mobile APP Marketing）

随着移动营销的快速发展以及移动设备的普及，移动 APP 营销作为一种新型的移动营销模式出现在大众眼前。目前，越来越多的企业通过创建自己的移动 APP 作为移动营销的主要平台，移动 APP 也成为移动互联网的社会背景下企业和消费者双向交流的主要工具和渠道。聂雅兰（2013）认为，

APP 营销是企业利用移动互联网，在第三方应用平台发布应用程序，吸引用户下载使用，以此进行发布产品、宣传活动或服务、提供品牌信息等一系列营销活动的营销方式。李欣璟（2014）认为，APP 营销即应用程序营销，是指企业通过智能手机、平板电脑等移动终端上的应用程序来开展的营销活动。袁政和李思颖（2015）认为，APP 营销是指企业在移动应用商店或者 Web 网页等渠道发布程序，吸引用户下载，然后通过程序展开相应的营销传播活动。学者孙永波和高雪（2016）认为不应该仅仅基于企业自建 APP 的单个方面对移动 APP 营销进行定义，还要考虑到其他模式。因此，孙永波和高雪（2016）对于 APP 营销定义为：基于移动设备和网络，企业通过自有或第三方 APP 发布产品或服务的营销活动信息，并与消费者进行互动的过程。

2.1.4 移动广告（Mobile Advertising）

Tahtinen 和 Salo（2004）用了“移动广告”这一概念，认为移动广告是指发送到手机、PDA 及其他携带式移动设备上的广告。Komulainen 等（2004）认为，移动广告是使用移动设备作为沟通渠道的广告。Haghirian 等（2005）认为，移动广告是指为促销商品和服务，使用交互式的无线媒介（如手机、寻呼机、无线电话、个人数字助理、双向无线电设备、婴儿床监视器、无线网络系统、基于 GPS 定位仪和地图）向消费者传递时间、位置感知的个性化广告信息。

2.1.5 无线营销（Wireless Marketing）

Tsang 等（2004）用了“无线营销”这一概念，认为无线营销是指通过无线网络向手机或 PDA 等移动设备进行传递的广告信息。

2.1.6 无线广告（Wireless Advertising）

MMA Global（2005）用了“无线广告”这一概念，认为无线广告是指广告商和营销者发送到无线移动设备上的任何内容。Petty（2003）认为，无线广告是指向手机、个人数字助理及其他无线设备进行传递的短信及其他各种形式的广告。

全球移动营销协会则使用了两个概念：移动营销与无线广告。尽管概念不同，但内容非常接近，均指将促销内容发送到消费者的手机上。然而，英国移动营销协会界定的移动营销不仅包括移动沟通的内容，而且涵盖任何形式的营销、广告或销售促进活动。不同概念无疑会使实际应用者与理论研究者感到困惑。

通过对这些概念进行研究，本书认为在对移动营销概念进行阐述时，应考虑如下几点：

第一，无线与移动其实是有差异的，无线往往指的并不是移动。如当消费者在家里通过台式机的局域网与外界进行沟通时，只能称为无线沟通而不能称为移动沟通。无线接入有时只允许小范围内的移动，然而真正的移动则是通过移动网络来实现的，移动网络使得通信在整个网络覆盖的区域都能实现。互联网的发展带动了无线营销的发展，但是随着移动网络技术的快速发展以及移动设备的普及，移动营销的兴起才真正实现了营销的随时随地性功能。随时随地性这一特点，就是区分无线营销和移动营销最关键的要素。基于以上原因，本书更倾向于用移动营销或移动广告、移动互联网营销来代替无线营销或无线广告。

第二，移动营销比移动广告以及移动 APP 营销概念范围更广。首先，就移动营销与移动广告而言，目前企业开展的许多移动营销活动为移动广告，如向消费者发送商业短信广告或彩信广告，在手机网站上所作的 WAP 广告等。在大多数研究中，用“移动营销”术语所描述的现象与其他研究中“移动广告”所描述的现象接近；其次，即使现在很多企业通过建立自身的移动销售端来获取移动消费市场份额，尤其以移动 APP 为主，但是移动 APP 营销主要是发挥了销售产品的作用，并不是企业移动营销活动的全部内容。因此，本书仍倾向于用移动营销概念来代替移动广告以及移动 APP 营销概念，因为前者比后两者范围更广，即移动营销并不仅仅局限于移动广告、移动

APP 营销，还包括其他活动，如短信优惠券、微信营销等，如互动性移动营销活动是销售促进活动而不是广告。

第三，移动营销概念与移动互联网营销概念最为接近，但移动互联网营销更强调的是移动通信技术和移动终端设备带来了信息互动的便利性，从而实现营销目标。移动互联网营销概念突出的功能是信息互动和传递个性化信息，而移动营销还强调了在为客户提供个性化信息的同时促进商品、服务和理念的推广。因此，本书仍然更加倾向使用移动营销概念来代替移动互联网营销概念。

第四，与传统营销概念相比，移动营销概念更应强调沟通。不少学者在界定移动营销概念时都不约而同地将移动营销描述为个性化、互动性的活动，如表 2-1 所示。也就是说，在界定移动营销概念时突出地强调了其与传统营销的不同之处。然而，将这些概念与美国营销协会（AMA）的营销概念进行比较，便发现一个显著特征，移动营销看上去仅仅只描述了营销活动的某个部分，也就是促销沟通活动。该结论可从两篇研究文献获得支持（Bauer et al.，2005；Karjaluoto et al.，2004），这两篇文献在描述类似现象时均使用了移动营销沟通。同样，Pousttchi 和 Wiedemann（2006）认为营销组合可以分为产品、价格、渠道、促销，而移动营销主要集中于第四个 P 上，即促销。因而，本书建议移动营销可以理解为移动营销沟通。

表 2-1 移动营销概念列表

作者	概念	定义描述
Kaplan（2012）	移动营销	移动营销是指通过个人移动设备可以不断连接的广泛存在的网络而开展的任何营销活动
Jain et al.（2011）	移动营销	移动营销是系统地计划、执行和控制一系列的商业活动，以促成买卖双方达成有利的交易或传递产品，其关键点在于与消费者联系时所使用的是他们的移动设备
MMA UK（2003）	移动营销	以消费者为目标并通过移动渠道进行的任何形式的营销、广告或销售促进活动

续表

作者	概念	定义描述
Barnes & Scornavacca (2004)	移动营销 移动电子商务 无线营销	增加顾客价值并提升企业收益的任何信息的发送或促销活动（Kalakota & Robinson，2002）
Bauer et al. (2005)	移动营销	创新性的商务沟通形式，即为个人的、无处不在的、互动的、本地的、对话式的沟通
Glass (2005)	移动营销	使用无线媒介作为一个综合信息传递、营销和沟通的渠道
Karjaluoto et al. (2004)	移动营销 移动营销沟通	双向营销媒介，促进销售的互动渠道，企业营销组合中的新要素
Scharl et al. (2005)	移动营销	使用无线媒介为消费者提供特定时间、特定地点的个性化信息，以促销商品、服务和理念，从而使所有利益相关者获益的营销方式
Leppaniemi et al. (2004)	移动广告	为了影响商业信息受众的态度、意愿和行为而使用移动媒介的任何付费信息沟通方式
Tahtinen & Salo (2004)	移动广告	传送到手机、PDA 及其他携带式移动设备上的广告
Komulainen et al. (2004)	移动广告	使用移动设备作为沟通渠道的广告
Haghirian & Madlberger (2005)	移动广告	为促销商品和服务使用交互式的无线媒介（如手机、寻呼机、无线电话、个人数字助理、双向无线电设备、婴儿床监视器、无线网络系统、基于 GPS 定位仪和地图）向消费者传递时间、位置感知的个性化广告信息
Reyck & Degraeve (2003)	移动广告	经过手机传递的广告

续表

作者	概念	定义描述
MMA Global (2005)	无线广告	广告商和营销者发送到无线移动设备上的任何内容
Petty (2003)	无线广告	向手机、个人数字助理及其他无线设备进行传递的短信及其他各种形式的广告
Tsang et al. (2004)	无线营销	通过无线网络向手机或 PDA 等移动设备进行传递的广告信息
梁瑞仙 (2017)	移动互联网营销	以移动终端为营销平台，与消费者进行信息互动，并借助移动网络向受众传递个性化即时信息，最终完成市场营销目标
孙永波 (2016)	移动 APP 营销	基于移动设备和网络，企业通过自有或第三方 APP 发布产品或服务的营销活动信息，并与消费者进行互动的过程

在以上分析及本书作者前期研究的基础上，本书将移动营销概念定义为：以消费者为目标并通过移动设备进行的任何形式的营销沟通活动。

2.2 移动营销研究

随着近几年 APP 移动应用技术的快速和多样化发展，我国移动终端使用人数显著增加，使用者的年龄段也越来越宽泛，从小学生到老年人，越来越多的人群加入智能设备的行列中。各行各业对移动营销这个领域也不得不重视起来，纷纷加入移动营销活动。谁能抓住移动营销这一营销模式，谁就成功了一半。实践的迅速发展促使学术界对移动营销越来越重视。移动营销研究内容涉及范围也较广，主要集中在移动营销的发展现状与趋势预测的研究、移动营销对消费者的行为分析，移动营销策略等领域。如魏巍（2015）分析了企业移动营销现状及问题以及对移动营销未来趋势的预测。何军红等

（2013）探讨了技术因素对移动营销消费者接受意愿的影响，用 SPSS 和 AMOS 软件进行统计分析，并检验技术因素与移动营销消费者接受意愿之间的关系。左石华（2014）通过调查研究总结了中小企业开展移动营销存在的问题，并且提出了中小企业应重视移动营销专业人员与移动营销专业团队培养、开展精准移动营销、并完善移动营销的效果评价体系和完善移动营销技术与技巧等。我国著名的移动营销专家朱海松先生在其著作中谈到在大众信息化的普及下，通过移动互联网来传递信息的方式已经成为社会信息传播的主流方式，在移动互联网市场经济的推动下，基于移动客户端的商业性活动已经趋向于普遍化（朱海松，2006）。在该书中，朱海松首次站在商业性的角度提出了无线营销的基本概念，以及"4I 模型"理论等针对移动互联网时代的全新营销理论。而其另一本著作则详细地阐述了手机媒体在商业活动中的应用原理及其运用模式（朱海松，2005）。后来，朱海松（2011）又以客观的视角，论述了手机媒体在商业活动中的应用，全面探讨了移动营销的应用领域以及运用的基本法则，通过各种案例分析，对前面两本著作中所提出的理论加以验证，帮助移动营销在各行业中更好地运用与发展。学者徐树华和王娇（2011）从 1G、2G、2.5G、3G 的角度分别谈到了移动营销在广告商、广告信息、广告干扰性、消费者四个方面的发展状况，充分证实了移动营销正在慢慢影响着人们的生活及消费等各方面。美国的 Rank-Mobile 有限责任公司的创始人 Krum（2012）系统地阐述了移动营销在企业中的运用。她指出移动营销所具有的"普遍性"和"强关联性"让其在商业活动中获得了广泛的运用。另外，Hub Spot 的营销副总裁霍普金斯和特纳（2013）也详尽地谈到了移动营销，描述了目前移动营销的现状，并且列举了一些最佳范例，其中以《财富》500 强公司的移动营销方法为主，分别从企业和消费者的角度去理解移动营销，并通过研究著名大型企业如何使用移动媒体与客户建立联系，为企业提供一些有用的技巧。美国知名智库——移动未来研究院执行官马丁（2014）对移动互联网时代，消费者参与移动营销的六大关键因素以及商家如何更好地引导顾客参与到营销互动中来进行了探讨。马丁

（2012）详细地描述了移动营销策略的具体操作方式，指导企业在实行移动营销策略时应如何巧妙地锁定客户群，并且在合适的时间、有效的地点与消费者形成可持续发展的互动关系。

另外，也有学者专门针对移动营销比较重要的方式如手机二维码营销、微信营销及 APP 营销单独开展研究。

在二维码营销研究方面，国内学者大多认同二维码是进入基于手机终端的互动营销与精准营销相结合的移动营销时代的重要媒介之一，可以帮助企业借助移动网络实现营销的增值。许统（2011）介绍了手机二维码在国内的发展现状及成功应用案例。胡维平（2012）从技术、平台、目标市场、支付和流程管理五个方面对手机二维码零售营销策略进行了研究，认为企业应当根据自身的目标、条件和营销环境，正确制定和实施基于手机二维码的零售营销策略。慕艳平（2012）详细地介绍了手机二维码营销的优势及其价值。黄薇和谈超洪（2016）对国内外二维码营销的现状进行了整理，探讨了二维码营销存在的问题，并对二维码营销未来的发展方向进行了研究。

在微信营销研究方面，尹妍（2014）通过对“逻辑思维”微信公众号进行个案分析，得出其成功的原因是“瞄准平台”“内容为王”“精准定位客户群体”。有关微信营销价值和传播效果的研究，是微信营销研究中必不可少的一部分。杨鑫（2014）指出，微信公众账号的品牌营销行为对微信公众账号的品牌营销效果产生影响，并且还影响着消费者与品牌关系的质量。常征和李中心（2014）认为微信营销对化妆品产业的积极作用主要有加强通信互动，帮助企业塑造形象。化妆品企业应顺应消费者消费习惯的改变，率先把握微信营销先机，利用渠道转移的机会开发新的消费群体。雷英（2016）指出目前微信营销的感受度不强，对于服务水平，不管是传统营销还是微信营销都需要人性化，并不是机械化的回复功能，企业应该在人才这方面提高服务水平，让消费者打心底里感受到热情的服务。微信在国内普及后，腾讯顺势推出了微信海外版，名为 WeChat，并且还有部分针对海外使用者的功能更新。微信功能强大、操作简单，拥有在西方国家树立中国制造崭新形象的实力。微信在一定程度上被外国人知晓，但是对于微信及微信营销在国外的研究并不多。

对于APP营销，近几年，国内外专家学者对于移动APP营销的概念进行了较为完整的表述。其中，聂雅兰（2013）认为，APP营销是企业利用移动互联网，在第三方应用平台发布应用程序，吸引用户下载并使用，以此进行发布产品、宣传活动或服务、提供品牌信息等一系列营销活动的营销方式。李欣璟（2014）认为，APP营销即应用程序营销，是指企业通过智能手机、平板电脑等移动终端上的应用程序来开展的营销活动。袁政和李思颖（2015）认为，APP营销是指企业在移动应用商店或者Web网页等渠道发布程序，吸引用户下载，然后通过程序展开相应的营销传播活动。多数研究主要利用技术接受理论来研究APP使用行为和使用意愿。除此之外，学者们还对移动APP营销的其他相关方面进行了补充。如Bellman等（2011）通过对不同品牌APP进行研究发现，消费者使用品牌APP对于品牌态度和购买意愿具有正向影响。Taylor和Levin（2014）研究发现，消费者对于零售APP的兴趣水平与消费者购买和分享信息的行为意向正相关。Dube和Helkkula（2015）通过实证研究发现，用户在使用APP的过程中，间接使用经验在整体服务体验中发挥重要作用。金学成（2014）研究了APP体验对品牌沟通效果的影响，结果表明，移动APP的娱乐性、功能性和社交性对品牌沟通效果具有积极影响（孙永波，高雪，2016）。

综上所述，移动营销是近年来的热点领域，有着巨大的发展潜力，但对移动营销绩效的影响因素研究尚存在不足之处。

2.3 移动营销绩效的测量因素研究

关于企业管理与经营活动绩效的测量，不少研究者从多个角度提出了自己的测量方法。Kaplan等（1992）认为经营活动的绩效可以从四个角度来测量，包括财务、顾客、创新/学习及企业内部观点。

经营活动绩效的测量方法也被用来测量电子商务的成功与绩效问题。据Kaplan等（1992）的观点，企业可用战术性与战略性结果来测量电子商务的绩效问题。测量方法可以是比较客观的方法，如点击率。网页浏览则被认为是更好的测量方法，因为它包含了时间维度，可以测量访问者在一段时间所浏览的页面。

顾客满意是用来测量移动商务系统绩效的一个有代表性的测量方法（Wang & Liao，2007），很多关于电子商务绩效的测量维度同样也适用于测量移动商务的绩效。在理论研究中，直接研究移动营销绩效测量维度的文献比较少见。不过，有很多组织努力去定义或测量移动数据业务的成功因素，这无疑对移动商务与移动营销绩效的研究可以起到很好的借鉴作用。

参照以上从顾客角度测量绩效的观点，本书主要从消费者角度来对移动营销绩效进行测量，采用的绩效指标为消费者意愿。现象表明，作为一种新兴营销模式，许多企业在开展移动营销时难以取得良好绩效的主要原因在于消费者对这种营销活动不接受、甚至反感与投诉。另外，在移动营销发展前期，移动技术还不够成熟，消费者对在参与移动营销活动过程中的个人信息是否受到足够的保护以及财产信息安全性存在着风险感知。但是近几年来，移动互联网的全面覆盖、移动技术水平的迅速提高以及移动设备开始在人们生活中普及，以移动网络技术为基础的移动营销活动慢慢受到了创新性消费者的欢迎。因此，要使企业移动营销活动取得良好成效，关键是让更多的消费者愿意接受移动营销信息、积极参与企业的互动性移动营销活动、主动登录企业手机网站获取商品宣传信息或下载移动优惠券等。因而，用消费者接受意愿作为移动营销绩效的测量指标具有一定的现实合理性。

2.4 技术接受理论及相关消费者行为研究理论

本书将消费者接受意愿作为移动营销绩效的测量指标，而要研究影响消费者对移动营销的接受意愿离不开技术接受理论及相关消费者行为研究理论，主要包括如下一些理论。

2.4.1 TRA 理论（Theory of Reasoned Action）

TRA 理论也称为行为意向理论，其关键内容是研究态度与主观规范对行为意向和行为的影响，其模型如图 2-1 所示。TRA 理论来源于社会心理学领域，是人类行为学领域最基本的和影响力最强的理论。Fishbein 和 Ajzen（1975）认为，个体的行为意向受到个体对行为的态度及主观规范的影响。TRA 理论被用来预测一系列广泛的行为，Davis 等（1989）将 TRA 理论应用到个体技术接受上，发现与将 TRA 理论用在其他情况下的行为研究结果非常一致。

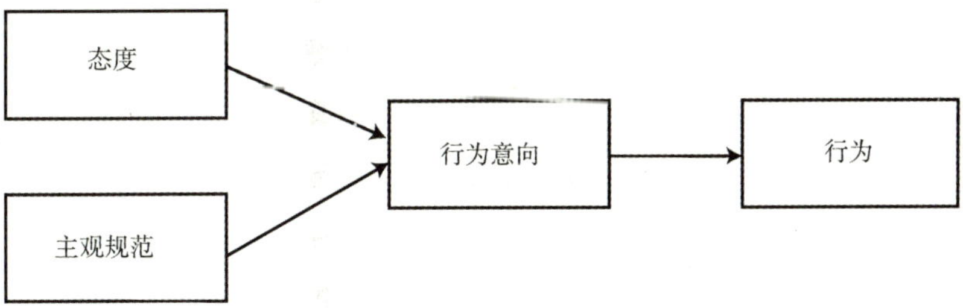

图 2-1 费希本行为意向模型

2.4.2 TAM 理论（Technology Acceptance Model）

Davis 在 1989 年提出的 TAM 理论是技术接受理论中非常重要的理论，该理论用来研究工作中的信息接收和信息使用问题。技术接受模型的关键变量是感知有用性及感知易用性。Davis 通过对 152 名样本进行研究，发现感知有用性与易用性是决定消费者接受意愿及行为非常重要的两个变量（Davis，1989）。感知易用性被定义为个体相信使用技术系统在多大程度上可以节省精力。在 TAM 理论中，感知有用性受到感知易用性的影响。除了增加感知易用性与感知有用性两个重要的研究变量之外，TAM 理论与 TRA 理论不同的是，为了更好地着重解释意愿，TAM 理论模型中排除了态度这一变量，如图 2-2 所示。

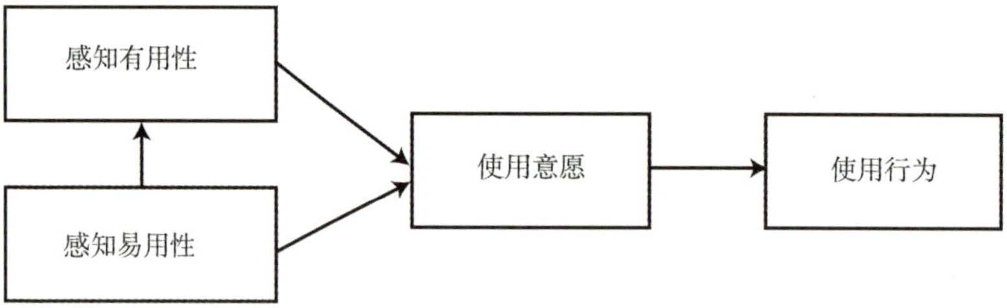

图 2-2 TAM 技术接受模型

2.4.3 TAM_2 理论

在 TAM 理论中，感知有用性被认为是决定消费者意愿非常重要的一个因素，TAM_2 理论在 TAM 理论的基础上，主要扩展了决定感知有用性的一些变量，以及这些变量对感知有用性的影响是如何随着调节变量的变化而进行改变的。TAM_2 理论中所增加的决定感知有用性的变量包括主观规范、形象、工作相关性、产出质量、结果可展示性等；调节变量包括经验、自愿性等（Venkatesh & Davis，2000），TAM_2 理论模型的具体内容如图 2-3 所示。

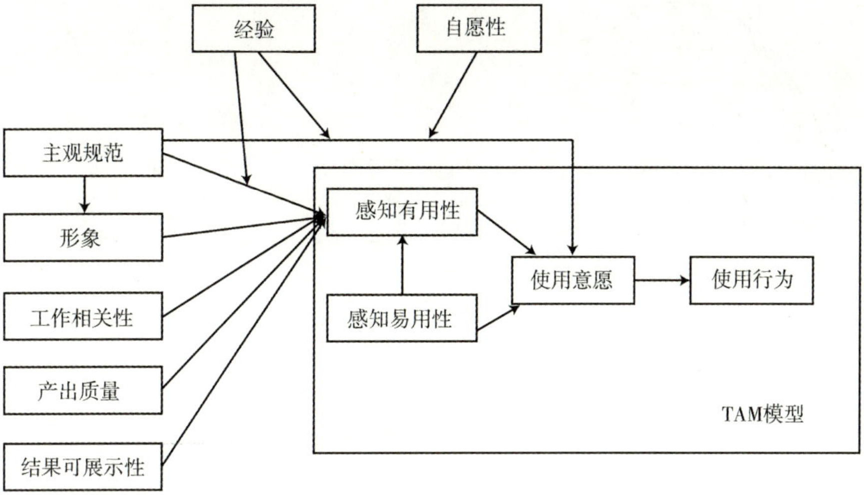

图 2-3 TAM_2 理论模型

从图 2-3 可以看出，TAM_2 理论在 TAM 理论的基础上增加了主观规范，在控制变量的情况下作为意愿的前因（Venkatesh & Davis，2000）。如今，TAM_2 理论已经被广泛地应用到一系列的技术及其消费者的研究中。

2.4.4 TPB 理论（Theory of Planned Behavior）

计划行为理论的关键内容为态度、主观规范、感知行为控制对意愿及行为的影响。TPB 理论在 TRA 理论的基础上增加了感知行为控制这一变量。在 TPB 理论模型中，感知行为与控制成为意愿与行为的又一决定性因素。Ajzen（1991）在前人研究的基础上成功地在广泛领域使用 TPB 理论来预测行为意愿与行为。他认为个人可利用的资源和机会在某种程度上决定了行为实现的可能性，该理论的具体内容如图 2-4 所示。TPB 理论已被成功地运用到许多不同技术的接受与使用的研究领域中（Harrison et al.，1997；Mathieson，1991；Taylor & Todd，1995）。

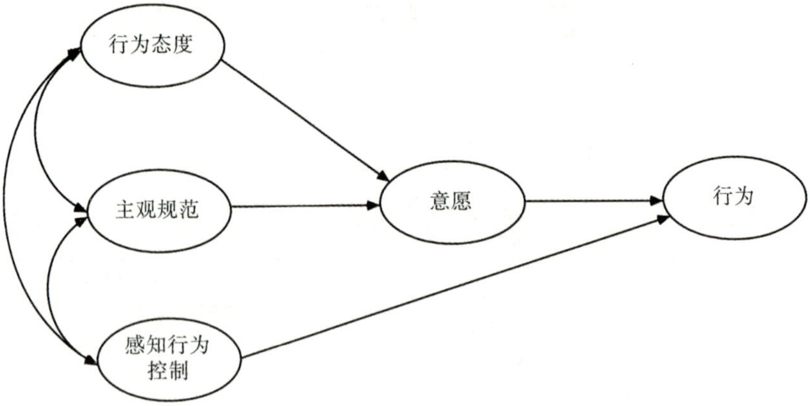

图 2-4 TPB 理论模型

2.4.5 IDT 理论（Innovation Diffusion Theory）

Rogers（1962）首次提出创新扩散理论，并出版了其著作。此后，该著作经过多次修订。社会学领域的 IDT 理论研究认为，技术创新的扩散包括五种显著的创新特征：相对优势、兼容性、复杂性、可试用性和可观察性。根据 IDT 理论，创新扩散过程中个人可以分为五种不同创新类型：创新者、早期采纳者、早期多数、晚期多数、滞后者（Rogers，1995）。IDT 理论从 20 世纪 60 年代开始就已经被运用于研究各种各样的创新，从农用工具到组织创新（Tornatzky & Klein，1982）。在信息系统领域，Moore 与 Benbasat（1991）调整了 Rogers 所提出的创新特征并对其重新进行设计，将复杂性改为易用性并增加了自愿性和形象等变量，以便能用于研究个体的技术接受。在前人不断研究的基础上，技术创新扩散理论的关键内容被扩展为：相对优势、易用性、自我形象、可见性、相容性、可展示性、使用的自愿性等。

2.4.6 UTAUT 理论（Unified Theory of Acceptance and Use of Technology）

信息技术接受研究已经产生了很多不同的理论，各种模型与理论有着不同的接受决定因素。技术接受和使用整合理论（UTAUT）主要是研究影响新技术推广成功的因素，该理论提出了四个影响消费者意愿及行为的决定性因素及四个调节因素，并提出了后续的主要研究方向，包括对影响因素进行更深入的研究、对主要结构变量测量的调整及对新技术效果的理解等（Venkatesh, et al.，2003）。UTAUT 理论的形成是在 TAM 理论等研究的基础上，基于理性行为理论、技术接受模型、动机模型、计划行为理论、技术接受模型与计划行为理论整合模型、PC 使用模型、创新扩散理论、社会认知理论八种主要技术接受理论模型的基本结构和实证研究的相似性建立的。该理论模型包含了性别、年龄、经验和使用的自愿等调节变量，以及四个决定意愿的核心因素绩效期望、努力期望、社会影响和便利条件等，其理论模型如图 2-5 所示（Venkatesh, et al.，2003）。

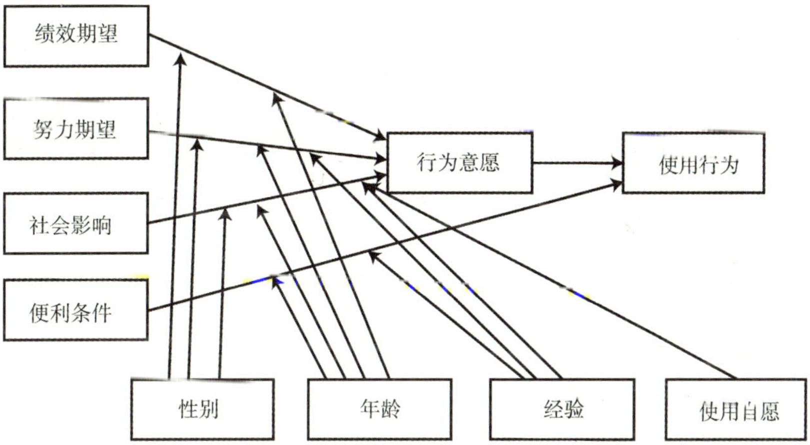

图 2-5 UTAUT 理论模型

然而，尽管 UTAUT 理论被认为比其他技术接受模型有所改进，但将它直接运用到消费者对移动营销的参与上会存在一些问题（Standing et al.，2005）。尤其是，努力期望作为一个构建性变量，主要针对的是那些包含一定量的学习以及在使用上存在问题的技术系统，用来研究移动营销显得不太合适。在移动营销中，这个变量可以由那些测试消费者对所收到的一定长度、可读性及一定数量信息的认知能力的变量所取代。UTAUT 模型所提到的绩效期望等同于接受移动营销信息时所获取的价值，研究者可将奖励包括在利益或价值之类上。便利条件与使用系统时所需要的知识和资源有关，它并不能直接运用到移动营销上，因为有手机的人一般都能收到短信（Standing et al.，2005）。

2.4.7 期望确认理论 ECT（Expectation Confirmation Theory）

期望确认理论（Expectation Confirmation Theory，ECT）是由 Oliver（1980）提出的，研究消费者满意度研究的基本理论，主要的概念为消费者是以购前期望（Expectation）与购后绩效（Perceived Performance）表现的比较结果（Confirmation），判断是否对产品或服务满意（Satisfaction），而满意度成为下次再度购买或使用（Repurchase Intention）的参考，其模型如图2-6所示。

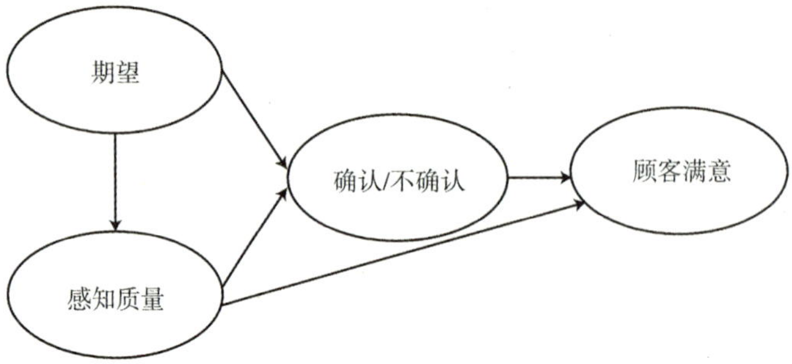

图 2-6 ECT 理论模型

2.4.8 任务技术适配模型（Task-Technology Fit，TTF）

任务技术适配模型来源于感知合适理论，由 Goodhue 和 Thompson 于 1995 年提出的，用于解释信息技术对工作任务的支持能力，通过描述认知心理和认知行为来揭示信息技术如何作用于个人的任务绩效，反映了信息技术和任务需求之间存在的逻辑关系，其理论模型如图 2-7 所示。

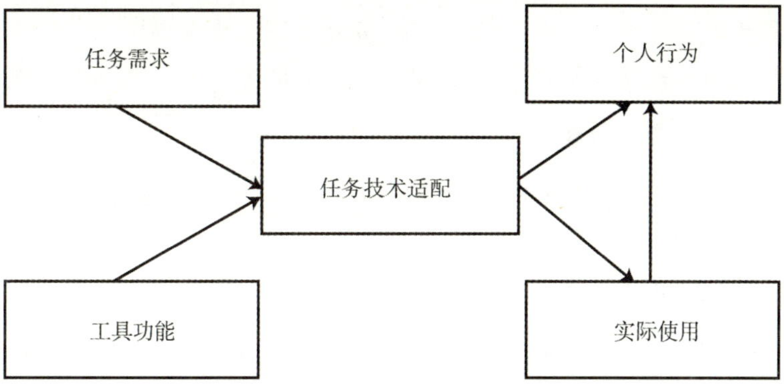

图 2-7　TTF 理论模型

在 TTF 模型中，一种信息技术工具到底能不能支持某项任务是用任务技术适配这种概念来描述的，其核心就是任务技术适配理论，这项理论研究的是技术能力和任务要求之间的适配，也就是信息技术支持一项任务的能力。TTF 模型有 4 个关键的要素：首先两个要素是任务特征和技术特征，它们共同影响着第三个要素——任务技术适配，任务技术适配又会影响最后的要素——行为或者使用。TTF 模型中，当且仅当信息技术的功能可以支持使用者的行为时，信息技术才会被采用。采用任务—技术适配模型来评价、预测网络信息资源的利用效率，能比较现实地考虑到信息系统功能和用户的任务需求这两个因素。信息系统只有被用户使用，其资源才能产生利用效率；因此任务—技术适配模型主要说明两者适配的结果会影响使用效果，并解释适配度对技术（信息系统）使用存有某种程度的影响。

后来有许多学者对这个模型进行了扩展。其中最主要的体现在以下三方面：用户自我效能对适配的影响；组织环境的影响对适配的影响；与技术接受模型（TAM）的整合研究等。

Goodhue 和 Thompson（1995）在 TTF 模型的基础上考虑了用户态度与行为对技术使用的影响，并将个人特性对技术和任务适配的影响加入到模型中，提出了 TPC（Technology-to-Performance Chain）模型。个人特性，是指影响个人使用技术的好坏与难易程度的因素，如个人受过的训练、计算机的使用经验和各种促动因素。从技术使用者的角度看，这些因素反映在个人心理层面，实际上就形成了个人对自己执行某项特定任务的能力的一种信念，学者们把这些统称为自我效能。

TTF 模型的提出是对 TAM 模型缺陷的补充，但是最早的 TTF 模型只是针对个人对技术使用与其任务需求之间的适配问题。然而在很多具体任务的完成过程中，用户更多的是以团体、组织中的一员作为技术的使用者和任务的完成者，因此组织—技术适配（Organization—Technology Fit）会对任务—技术的适配产生影响。组织—技术适配是指组织支持的特性要与技术功能的需求相符合。

此外，越来越多的技术采纳行为研究将 TTF 与 TAM 进行整合研究，广泛应用于各个研究领域，如人们接受、使用技术的心理、行为以及最后的结果，其中各个因素间的关系并不是哪一个模型就可以穷尽的。在后续研究中，新的理论和影响因子不断地融入进来，使 TTF 模型与具体事件的契合越来越贴切。

2.4.9 价值的采纳模型 VAM（Value-based Adoption Model）

VAM 理论从用户感知价值视角重点关注了用户采纳信息系统时对成本与收益的综合评估，即形成感知成本和感知收益两个维度的评估结果，以及感知价值对采纳意图的影响。基于 VAM 模型，Kleijnen 等（2007）研究发现感知价值对于用户移动服务采纳意图有很好的解释力度，Kuo 和 Yen（2009）发现用户对移动增值服务的感知价值正向影响购买意图。研究通过将 VAM 理论与传统的 TAM 理论进行比较，发现两者在解释用户采纳意图中各有其重点和优势。TAM 理论框架广泛用于解释传统信息技术的采纳意图受技术本身特性的影响，即有用性和易用性。而 VAM 则更侧重用户对成本与收益的综合评估，即用户的感知价值。在移动商务领域，用户对使用信息技术本身的态度以及从采纳中所获得的感知价值对于决定其采纳意图的影响是同样重要的，因此应当结合而非割裂 VAM 与 TAM，才能更全面地解释用户采纳移动购物意图的影响因素。TAM 模型阐述的感知有用性（Perceived Usefulness，PU）反映用户认为使用某种具体系统对他的工作业绩提高的程度。VAM 理论阐述的有用性是用户出于满足自身需求的外在动机产生的感知收益，类似于对于商品品质和优劣的评估，与 TAM 的基本内涵一致。在移动购物情境下，感知有用性可以解释为用户认为使用手机等移动终端浏览商品信息、进行购买交易等提高购买效果的程度。

2.4.10 AIDMA 模型

AIDMA 是消费者行为学领域很成熟的理论模型之一，由美国广告学家刘易斯在 1898 年提出。该理论认为，消费者从接触到信息到最后达成购买会经历以下五个阶段：

（1）A：Attention（引起注意）——花哨的名片、提包上绣着广告词等是被经常采用的引起注意的方法。

（2）I：Interest（引起兴趣）—— 一般使用的方法是精制的彩色目录及有关商品的新闻简报加以剪贴。

（3）D：Desire（唤起欲望）——推销茶叶的工作人员，要随时准备茶具，给顾客沏上一杯香气扑鼻的浓茶，顾客一品茶香体会茶的美味，就会产生购买欲。推销房子的工作人员，要带顾客参观房子。餐馆的入口处要陈列色香味俱全的精制样品，让顾客倍感商品的魅力，就能唤起他的购买欲。

（4）M：Memory（留下记忆）—— 一位成功的推销员说："每次我在宣传自己公司的产品时，总是拿着别家公司的产品目录，一一加以详细说明比较。因为如果总是说自己的产品有多好多好，顾客对你不相信。反而想多了解一下其他公司的产品，而如果你先提出其他公司的产品，顾客反而会认定你自己的产品。"

（5）A：Action（购买行动）——从引起注意到付诸购买的整个销售过

程，推销员必须始终信心十足。过分自信也会引起顾客的反感，以为你在说大话、吹牛皮，从而不信任你的话。

该理论将消费者的购买行为模型化，有助于广告主系统地研究消费者后更有效地进行商品的宣传。但是，该理论并没有具体细化到不同的商品类别，实际上，该理论更多地适合高卷入度的商品（该商品价格高，需要小心做决策）；而对于低卷入度商品，消费者的决策过程往往没有那么复杂。这个理论可以很好地解释在实体经济里的购买行为，但在网络时代，该理论的解释无法准确地概括一些消费者的典型特征。

2.4.11 AISAS 模型

2005 年，日本电通集团提出了基于网络购买消费者行为的 AISAS 理论。AISAS 模式是由电通公司针对互联网与无线应用时代消费者生活形态的变化，而提出的一种全新的消费者行为分析模型。该模型强调各个环节的切入，紧扣用户体验。AISAS 的前两个阶段和 AIDMA 模型相同；但在第三个阶段 S 为 Search，即主动进行信息的搜索；第四个阶段为 A Action，即达成购买行为；最后一个阶段 S 为 Share，即分享，将购买心得和其他人进行分享。这一理论模型，更加准确地概括了在网络条件下，消费者获得信息，分享信息的能力，是 AIDMA 理论的发展。营销方式正从传统的 AIDMA 营销法则（Attention—注意；Interest—兴趣；Desire—欲望；Memory—记忆；Action—行动）逐渐向含有网络特质的 AISAS 发展，主要包括如下阶段：引起注意（Attention）、引起兴趣（Interest）、进行搜索（Search）、购买行动（Action）与人分享（Share）。

在全新的营销法则中，两个具备网络特质的“S”——Search（搜索），Share（分享）的出现，指出了互联网时代下搜索（Search）和分享（Share）的重要性，而不是一味地向用户进行单向的理念灌输，充分体现了互联网对于人们生活方式和消费行为的影响与改变。

2.4.12 SICAS 模型

DCCI（互联网数据中心）创始人胡延平（2011）在《2011 社会化营销蓝皮书》中提出新型的消费行为模型 SICAS。该蓝皮书称，SICAS 是基于长期以来对用户进行行为追踪、消费测量、触点分析和数字洞察，提出的移动互联网时代的行为消费模型，以此对较为陈旧的 AISAS 理论进行系统革新。DCCI 通过技术手段对用户的长期、连续性、实时监测发现，用户行为消费模式，正在由 AIDMA、AISAS 模式转变为 SICAS 模式。

在第一阶段的 AIDMA（Attention—Interest—Desire—Memory—Action）模式下，消费者先注意到商品，然后产生兴趣，再产生购买欲望和留下记忆，最后做出购买行动，整个过程主要由传统广告、活动、促销等营销手段所驱动，而广播式的广告是 AIDMA 的核心驱动。品牌企划、大众媒体、受众、大众市场、媒介计划与采购是这个阶段企业营销的关键词，覆盖率、收视率等是这个阶段企业营销成效的关键。品牌商家要做的最关键的事情是把自己成功地广而告之出去。

在第二阶段的消费行为模式 AISAS（Attention—Interest—Search—Action—Share）之下，消费者从被动接受商品信息、营销宣传，开始逐步转变为主动获取、认知，AISAS 强调消费者在注意商品并产生兴趣之后的信息搜集（Search），以及产生购买行动之后的信息分享（Share）。AISAS 将信息搜集和信息分享作为两个重要环节来测量，而这两个环节都离不开消费者对互联网的应用。互联网为消费者主动获取信息提供了条件，使消费者有机会从多种渠道获得详尽的专业信息。但是在 AISAS 模式之下，营销活动的核心驱动依然是广告，营销活动的关键词依然是品牌展示，只不过多了点击、行动、登录页面转化等这样一些效果维度，品牌商家与用户之间的关系虽然开始互动，但是只是基于链接的简单的碎片化的反馈，而不是基于链接的多点双向的系统交互。品牌商家对消费者的感知不够实时、敏捷，营销决策很大程度上依赖于非实时、抽样式的切片调查，用户也经常不能够在他们会关心相关消费信息的地方出现，及时地感知到品牌商家及其消费信息的存在。相对于非线性、网状、多点双向、基于感知连接的 SICAS 过程，线性单向的营销传播过程以及行为消费过程（AISAS 模式）并没有实现真正的双向交互沟通。并且在 ASIAS 模式下，企业在分享（Share）阶段的影响力远远不够，而分享、体验分享正在成为真正意义上的消费源头。

随着互联网渗透率日益提高，互联网在用户拥有（Own）、分享（Share）方面的巨大优势，使得它成为效率更高和更具影响力的信息、消费、影响力源头，这样的影响力甚至扩散到互联网之外。互联网正在成为体量最大的、最具效率的那个主生态系统。企业需要思考的是如何跟随这样一场变革及时迁徙，把企业营销活动开展的主场转移到互联网，而不是在传统媒体与互联网之间寻求结合。在这样一场转移过程中，需要考虑的是如何将大众媒体广播式的广告系统，转变为基于实时感知、多点双向、对话连接的交互系统。从广告、营销到对话的转变，也就是从 AIDMA、AISAS 到 SICAS 的转变。SICAS 阶段商务营销活动的核心驱动是基于连接的对话，并非广播式的广告营销。SICAS 模型是一个多维互动过程，而非单向递进过程。其中包括了：品牌—用户互相感知（Sense），产生兴趣—形成互动（Interest & Interactive），用户与品牌—商家建立连接—交互沟通（Connect & Communication），行动—产生购买（Action），体验—分享（Share）。

（1）品牌—用户互相感知阶段。品牌对用户的感知很重要，而能够被用户感知到同等重要，这两点是品牌商家建立感知网络的两个关键。对于用户来说，关注、分享、订制、推送、自动匹配、位置服务等，都是其有效感知的重要通路，企业需要做的，就是以最恰当的方式能够被用户通过这些通路感知。站在用户行为、消费路径角度观察，在 Sense 阶段，有 7 个衡量企业感知能力的基本指标：①感知率：以某种或某些组合手段能够感知到有效人群与目标市场总体人群之间的比率。②感知量：能够感知到的信息范围的多寡，用户人口信息—兴趣需求内容—网络地址信息—现实位置信息—关系链—沟通联系方式等。③到达率：营销活动最终达到的人口与能够感知到的人口的比率。④理解力：是否能够基于感知到的信息进行分析、理解、响应。⑤感知效率：达到单位人口的目标客户，以及所发生的成本。⑥被感知率：根据抽样或者全数据实测原则，了解到的被潜在用户能够感知到的人口比率。⑦回馈率：是否具有双向回路的感知人口在所有目标感知人口中的比率。

（2）产生兴趣—形成互动阶段。形成互动不仅仅在于触点的多寡，更在于互动的方式、话题、内容和关系。此阶段的用户正在产生或者已经形成一定程度的心理耦合、兴趣共振。站在用户行为、消费路径角度观察，兴趣过程主要涉及三个方面的指标，以此来帮助企业明晰、优化 SICAS 环境下的营销布局：①兴趣互动成本效率指标，包括互动 Action 行动量、单位互动成本、二跳率、点击率、转化率、播放完成率等；②兴趣互动内容特性指标，包括关系、话题、声量、关注点、好评度、好评点等；③兴趣互动品牌服务指标，包括品牌气质、产品功能、价格评价、使用体验等。

（3）用户与品牌—商家建立连接—交互沟通阶段。此阶段意味着必须基于广告、内容、关系的数据库和业务网络，基于 Network、分享、链接，将移动互联网和 PC 互联网结合，将企业运营商务平台和 Web、APP 打通，建立与用户之间由弱到强的连接，而非链接。在此阶段，需要评估不同方面 Connect 的成本效率，主要包括：①Social Connect，评估企业是否建立了与主要社会化网络的品牌对话、互动连接通路；②Ad Connect，评估企业是否自身或者通过 Agence 实现了广告系统的数据互联、业务协同；③APP Connect，评估企业是否通过自有 APP 及第三方 APP 建立与消费者的互动连接通路；④LBS Connect，评估企业是否具有通过位置服务为消费者匹配产品服务的能力；⑤EC Connect，评估企业是否将上述通路与电子商务打通，使得消费者可以直达、购买；⑥CRM Connect，评估企业是否实现了原有 CRM 系统、Social CRM 系统的互联互通，甚至彻底打通为一体，以及具备将感知网络数据流汇聚到 CRM 中进行动态实时管理、响应、对话的能力；⑦SCM Connect，评估企业是否已经将后端物流供应链与前段电子商务、客户关系管理打通。

（4）行动—产生购买阶段。在行动—产生购买阶段，用户的行为不仅发生在电子商务网站之中，O2O、APP、社交网络等都可能成为购买的发起地点。站在用户行为、消费路径角度观察，关于 Action 阶段，主要涉及如下关键指标：①电商率，即线上销售以及通过 O2O 带来的销售额在总销售额中的比率；②分布率，即企业电子商务是一站之内的自主电子商务，还是分布式的电子商务，及其占比；③接通率，即企业线下销售网店、线上电子商务中与感知网络的接通量、打通率；④个性率，即是否具备对用户个性化需求的采集、响应、定制、服务能力及其占比；⑤移动率，即企业电子商务在移动终端的部署量、交易达成量以及在总量中的比率；⑥社会化率，即社会化网络来源的流量、声量、购买量在企业商务总量中的比率。

（5）体验—分享阶段。体验—分享（Share）的原始理解在于社会化网络，但是在实际过程中，这并非像口碑营销那么简单。体验、分享并非消费的末尾，很大程度上正在成为消费的源头，且体验分享的关键是信息的发现能力，其不仅是满足个性化需求的关键，也成为消费生产力的重要来源。在体验、分享阶段进行互动、引导，其营销价值甚至大过以广告制造最初的注意力。站在用户行为、消费路径角度观察，需评估以下指标的价值与方法：①体验分享内容指标：话题、关注点、好评度、好评点、传播圈、关键节点等，Interest 互动阶段也有相关指标；②体验分享互动指标：参与者量、声量、话题数等；③体验分享对话指标：企业与进行体验分享活动的用户之间的对话量、响应度；④体验分享转化指标：从用户体验分享环境转化到企业品牌社区、官微、官网、电商网站等营销环境的用户的比率。

总之，SICAS 模型是 DCCI 在 2.0、全数字营销环境到来之际，所提出的建设性的消费行为模型，是对 AIDMA、AISAS 的全面革新和替代。互联网在变革，商业生态在变革，且用户在迁徙，对于企业营销活动的理解，也应该与时俱进，切换到全景、多点互动、非线性的场景之中来。企业必须将自身融入场景，以感知、对话的方式和用户互动，并逐步放弃成本效率越来越差的广告营销模式。

SICAS 模型不仅与社会化网络相关，而是全网、全数字环境下的行为消费模型。SICAS 模型的提出只是第一步，DCCI 还将不断优化、深入架构 SICAS 模型的方方面面，不断进行优化、拓展，并向数字时代的营销生态迁徙。

2.5 移动营销绩效的影响因素研究

本书在研究影响移动营销绩效的因素时，将消费者意愿作为测量移动营销绩效的因素。因此，在探讨移动营销绩效的影响因素时，主要探讨影响移动营销消费者接受意愿的因素。

从现有文献来看，已有不少研究者对移动营销消费者接受意愿的研究做出了贡献。Hung 等（2003）在计划行为理论和创新扩散理论的基础上，对中国台湾有关 WAP 服务的接受情况进行了实证研究，研究发现影响 WAP 服务接受意愿的关键因素包括：连接速度、服务费用、使用者的满意度、个人的创新性、易用性、同辈影响及便利条件，并为后面的研究者提出了一些建议。Yang（2007）以 TAM_2 理论为基础，在中国台湾高校调查了 468 名大学生，以了解他们对移动广告的态度及接受意愿。调查结果与 TAM_2 结论一致，表明社会影响显著地影响消费者对移动商务的态度。而且，他们对移动商务的态度又会影响其对移动广告的态度及使用意愿。

Soroa-Koury 和 Yang（2010）调查了美国西南部一所公立大学的 343 名大学生，以了解主观规范在预测消费者对移动广告反应的过程中是否发挥着重要作用。研究者使用问卷调查的方法来测量移动用户的态度、感知有用性、感知易用性以及使用移动广告的意愿。调查显示，主观规范对消费者在移动广告上的感知有用性与感知易用性均有影响。感知有用性与感知易用性均是预测技术接受意愿的非常重要的因素。Okazaki（2007）对影响无线广告的态度及接受意愿的因素进行了研究，研究表明消费者的创新性、对无线广告的态度、感知信任对接受意愿有直接显著的影响。Varnali 和 Toker（2010）的研究表明，消费者对移动营销的信息接收受到如下因素的影响：消费者的个性、态度及个人的感知（Bhatti，2007；Hsu et al.，2008），人口统计因素（Bigne et al.，2005；DeBaillon & Rockwell，2005），社会/同辈因素（Kim et al.，2008；Lee & Murphy，2006），文化因素（Gressgard & Stensaker，2006；Harris et al.，2005），媒介因素（Bigne et al.，2007；Heinonen & Strandvik，2007），内容的相关性和可信性（Choi et al.，2008；Haghirian & Inoue，2007），对信息发送者和无线服务商的信任水平（Lee，2005；Lin & Wang，2006），移动营销信息的情景因素（Barnes & Scornavacca，2004；Chae et al.，2002），使用者的许可及使用者对内容的控制，营销信息的传递时间与频率（Carroll et al.，2007；Kleijnen et al.，2007）等。Lee 和 Hsieh（2009）提出移动广告是指使用移动设备如手机、PDA 发送广告信息到消费者。移动广告与传统广告之间最主要的区别在于移动广告必须使用移动网络和移动设备。而且，除了广告内容外，影响消费者对移动广告态度的因素还包括消费者使用移动技术的自我能力评价。该研究对自我能力评价进行了测量，并探讨了其对移动广告态度的影响。结果表明，自我能力评价对移动广告态度有显著的影响。Merisavo 等（2007）对驱动消费者接受移动广告的因素进行了实证研究，表明基于移动沟通的短信为营销者创造了新的机会。然而，促使消费者接受移动广告的因素并未得到完全了解。该研究通过对芬兰 4062 名移动用户进行调查，发现效用、内容、控制、感知风险、信任五大因素影响消费者接受移动广告。

整体来看，移动营销消费者接受研究主要可分为两类：

第一类移动营销消费者接受研究采用了应用的观点。如宇阳（2010）研究了温迪快餐连锁店的移动营销活动及消费者的接受情况。冯利芳（2011）研究了手机扫描习惯的培养对消费者参与移动营销的促进作用。谢园、刘晓云（2011）研究了移动营销在实践中的主要应用情况及消费者的接受情况。在这类研究中，研究者在各种模型里研究了应用领域的独特特征，这些特征包括如下因素：消费者和企业技术、位置敏感性、个性化、移动广告带来的收益以及对移动广告的担忧等，所有这些因素都会影响消费者对移动营销的接受意愿。

第二类移动营销消费者接受研究使用了既定的信息技术接受模型来进行研究。如 Barnes & Huff（2003）使用了 Rogers 的创新与扩散理论来研究移动互联网广告的推广与消费者接受。Yang（2007）以 TAM_2 理论为基础，在中国台湾高校调查了 468 名大学生，以了解他们对移动广告的态度及接受意愿。调查结果与 TAM_2 结论一致，表明社会影响显著地影响消费者对移动营销的态度。而且，他们对移动营销的态度又会影响其对移动广告的态度及使用意愿。何德华和鲁耀斌（2009）采用 UTAUT 模型中的核心变量、IDT 中的个人创新性和 TTF 的任务技术匹配这几个方面的变量来探讨消费者对移动广告的态度和接受情况。

从新技术采纳的视角看，用户对移动购物的感知有用性是影响其采纳意图的重要因素。移动购物的有用性很大程度上是让消费者能够随时随地获取有关商品和服务的信息，并方便快捷地完成购物。TAM 理论的感知易用性（Perceived Ease of Use，PEOU）反映用户认为容易使用某种具体系统的程度，感知易用性显著影响用户对信息系统的认同、满意度、忠诚度和采纳意图。从新技术采纳的视角看，用户对移动服务的感知易用性会影响其采纳意图。VAM 理论未直接考察感知易用性，但其提出的技术性，即用户在时间、精力、能力方面的投入本质上取决于感知容易程度、系统可靠性、连接稳定性和时间效率性等，这与 TAM 阐述的感知易用性是一致的。VAM 理论未直接考察感知易用性也可能由于移动互联网的使用相对容易，但在移动购物情境下，感知易用性表现为用户对使用移动终端完成购物过程的感知容易程度，手机等移动终端具有界面小、容纳信息量和展现形式有限、链接回访不便等特点，同时在线购物通常包括搜索、比较、支付等多个流程，手机购物对于一些用户而言可能并不容易，特别是对于没有在线购买经验的新手很可能存在一些困难。当用户感觉移动购物存在困难时，会感觉到需要付出更多的成本去使用，也很可能会降低他们的感知价值。

但在对移动营销的接受与参与问题进行研究时，各学者之间的研究结论还存在着较大分歧，如有研究者认为移动广告的娱乐性对消费者接受意愿有较强的直接影响（Yang，2007），但有研究者持不同观点，认为娱乐是通过影响消费者的态度来影响意愿的（Okazaki，2007），这尚需后面的研究者来进一步验证补充和完善。

3 移动营销发展概述

移动营销的目的非常明显：增大品牌知名度；收集客户资料数据库；增大客户参加活动或者拜访店面的机会；改进客户信任度和增加企业收入等。移动营销发展较好的是日本、韩国，美国和欧洲也处于加速发展的途中。美国移动营销协会做了一份最新调查，研究消费者对于无线通信设备和手机服务的了解和使用情况，以及他们对移动营销活动的接受和参与度。总共有 1800 名 13~65 岁的美国消费者参与了此次调查，调查结果显示：消费者越来越依赖手机，而且他们意识到手机这些无线设备仅仅通过声音就能够提供附加价值；消费者对移动营销的接受度呈现上升趋势，他们逐渐接受移动营销活动，而且参与次数也在增多。可见，在国外，移动营销正处于高速发展的势头。

然而，虽然移动营销正在国际上正蓬勃兴起，虽然无线数据业务目前在国内也发展得如火如荼，虽然中国正在迅速发展成为世界上最大的无线市场，虽然更多的企业在这个市场上跃跃欲试，如福特翼虎、SONY BRAVIA、东风标致 307、三星金将军等已经成功运用了移动营销工具，但移动营销仍然只是一个处于快速发展中的行业，且尚存在许多不足之处，移动营销绩效有待提升。

3.1 移动营销的主要发展阶段

中国在 2000 年左右就有企业开展移动营销。可能是因为市场切入的时间太短、不成熟的原因，有些公司起起落落，有的已经消失了。2000年以后，随着短信浪潮不断上升，几乎已经到了一个顶峰的阶段，移动营销也随着这个发展在不断地变化。它覆盖的人群越来越广，接受的人也越来越多，在手段、形式上也更加丰富了。就移动营销而言，2000~2006年是一个增长的、不断迅速上升的阶段，从启蒙到起步。在该阶段，许多企业在进行移动营销时，其实是在模仿传统的营销方式上使用一些最基本、最简单的方法。它跟传统的直投、街头塞传单、电视节目中插播广告等没有明显区别。企业把信息直接推给用户，如果用户没有需求，则起不到应有的效果。用户对推出的信息产生兴趣时，信息的价值才生效，否则就是垃圾。掌中传媒总经理杨斌先生在接受记者采访时曾经提到移动营销的发展可分为以下两个阶段：

（1）2003~2005年。在这两三年的时间，行业内的一些公司主要以无线增值业务（SP）的方式来向广告主提供解决方案。如基于短信、彩信的平台，向可口可乐等品牌公司提供无线营销解决方案。在这几年，移动营销的解决方案还存在着一些局限，首先形式上比较单一；另外，这些公司因为是SP，所以一方面为广告主提供移动营销服务，另一方面又要接受运营商在增值业务服务（尤其是流量收入）方面的考核。在运营商的压力下，很多SP公司最后不得不放弃无线营销服务，所以整个市场的运作不是特别成功。

（2）2006年至今。从2006年开始，手机媒体开始引起行业内方方面面的关注。于是就有人说2006年是中国手机媒体移动营销的元年。这主要表现在以下几个方面：第一，2006年，包括中国移动、中国联通在内的运营商都比较高调地进入了手机广告、移动营销领域；第二，在无线增值业务方面，运营商开始整顿传统的SP业务，行业也开始规范起来；第三，就是媒体的关注。在互联网、户外广告、电视等新媒体形态之后，广告行业也需要新的广告载体，而媒体对这方面起到了关注和引导的作用。从广告主的角度来说，在2006年，因为移动营销市场的兴起，手机广告、手机媒体也逐渐成为他们广告投放的一个选择。伴随着各种创新模式的兴起，手机媒体一下子进入了公众的视野，并且这些年得到了极为快速的发展。

3.2 移动营销的特征

3.2.1 灵活性

今天，移动技术则造就了企业比以往任何时候与消费者的关系都更紧密的关系。因为移动技术造就了随时、随地、随身的使用功能，通过移动技术跟人的沟通是最紧密的。与此同时，台式电脑、笔记本电脑、平板电脑的使用率均出现下降，手机不断挤占其他个人上网设备的使用。随着移动互联网时代的到来，传统联网 PC 几乎被智能手机取代。智能手机能够实现传统 PC 操作功能，且其重量非常轻，大多在 100 克左右，方便人们随身携带使用，给予人们更便利的用户体验。智能手机这些特性决定了移动终端的随身性，越来越多的用户被大量实用、有趣的手机应用服务吸引，手机用户多在碎片时间里运用手机终端上网，这样一方面手机用户可以高效地利用自身碎片化时间，另一方面企业也达到了营销宣传的目的，一举两得。由于手机可随身携带，在营销过程中，企业与消费者的行为均比较灵活。这种灵活性体现在企业主可自己选择信息发布时间，消费者看信息时也较灵活，可看可不看，随时看、随地看等。

移动营销为企业带来的利益包括：随时随地与员工保持联系、随时随地掌握市场的动态、随时随地了解客户的需求、随时随地为客户提供服务、随时随地向客户销售产品。

移动营销可为用户带来的利益包括：随时随地获得新闻和资讯、随时随地了解市场的行情、随时随地掌握新产品信息、随时随地得到相关的服务、随时随地购买所需的产品。

这种随时随地性可使企业充分利用消费者的闲暇时间进行营销，并获取离散眼球。根据调查，用户微信聊天、使用手机上网、知识竞猜、玩手机游戏等主要是为了消遣时间。在一段时间里，或者某个时刻，用户感觉到很无聊，有想做点事情打发时光的欲望，而通过拇指简单地按动可以非常快速容易获得一种快乐的感受。以下几点是用户需求比较强烈的时刻：在汽车站等车时；乘坐火车时；约会等人的时刻；旅行时。以往，报纸、杂志基本上是获取这部分眼球的重要媒介，但随着通信技术为基础的移动通信流媒体的应用将成为下一代“离散眼球经济”的开路先锋。

移动营销不是独立的，准确地说它是一个促进传统营销的杠杆，把传统的市场代理商、内容提供商、TV、广播、报纸、互联网都通过移动通道连接到一起。移动营销在任何时间、任何地点都能进行。它能帮助企业增大品牌知名度、收集客户资料数据库、扩大客户参加活动或者拜访店面的机会并改进客户信任度和增加企业收入。同时，移动营销还为企业提供了对其营销行动进行实时监控的可能性。

3.2.2 互动性

“手机媒体”在“交互性”方面有着传统媒体无法比较的优势。传统大众传媒的重要特点是传播的单向性，属于环状网络；而移动信息的传递是在星状网络中进行的，在这个网络中，每一部手机都是传播体系中的一环，所有人都是平等的。因此，企业不仅可以通过手机给用户发送他所需要的，更可实现跟踪、调查、意见反馈等多方面的功能。以手机短信为例，短信的收发是双向的、互动的。发送双方既是传播者也是受传者，其身份是双重的、互变的、不固定的。短信交流的互动方式具有多样性的特点，手机用户可能对短信进行转发也可能立即删除，可能置之不理也可能积极响应等。而微信、微博等产品更是移动互动营销的典范，通过与手机用户群的互动促成成交率，并获得新老用户数据库，为之后的移动忠诚营销及维护和改善客户关系提供便捷。

相对于报纸开设的读者信箱性质的专栏、电台电视台的热线、网络的回帖和留言来说，手机短信的互动性在效率速度及灵活性上更上了一个新层面。

作为随身携带的通信工具，随时反馈的交流特点，手机在互动交流上最有力地阐释出了“媒介是人的延伸”。手机的互动交互性是最为有力的也是最为高速有效的。

3.2.3 个性化、私人化

在移动互联网时代，人们对个性化的需求日趋强烈，再加上移动媒体平台具有开放性特点，手机用户能够从中获得更多个性化选择，包括外观、屏保等。作为移动营销传播媒介的手机本身，就是极其个性化的，各种款式的手机标志着手机使用者的个性特点。移动营销的高效性、便携性决定了用户可以随时随地地访问，企业可以通过移动终端为用户提供基于时间、地点以及个人爱好的个性化定制。由于用户订制与浏览的信息都有很大的差异，从而使得企业可根据他们的机型与使用的信息服务来准确地判断他们的个性特征，并提供个性化的服务与产品信息。另外，由于手机屏幕比较小，广告更加容易进入用户视线，人性化的操作界面使得无线广告的黏性比普通广告好得多，主动访问的广告效果也比被动接受要好得多。

移动终端是很私人的用品，人们通常通过用特别的铃声、图片或者待机铃声（彩铃）来进行个性化，并很少出借给别人，包括自己的家人也不例外。而其他媒体像电视、报纸、计算机等常常需要与人共享。更为重要的是，电话号码就像身份证号码一样，结合个人的预留信息，为广告商提供了定向营销的可能性、直接性。

另外，移动通信提供的通信服务是个人对个人的，如果从业务链角度来讲，广告主能够直接面向广告受众，没有中介，没有代理商，也没有零售商，广告主所要传达的就是广告受众所接受的信息，而且在时间上基本同时发生。

3.2.4 目标受众准确

没有一种媒体像手机一样，24 小时与用户相伴，由于手机用户的手机基本上为自己独自使用，因此在移动营销过程中，企业可较准确地收集到用户的信息，包括机型、手机号、常浏览的信息等。移动、联通和它们的内容服务商 SP 手中掌握着大量手机用户号码，而依据用户定制的各种信息服务类目就可以很好地细分出目标客户群，如健康、美食、旅游、就业等服务信息的选定用户肯定会对这方面比较关注，相关类型企业对这部分用户发出广告信息，广告受众无疑更为准确，且广告效果更好。目前很多企业都建有客户管理档案，这些客户往往是企业利润的最主要来源，也就是企业的生命线，是企业广告信息最主要的受众。如何让企业广告信息最有效地到达这些目标受众，使用手机媒介应该是一个理想的选择。企业只需通过如“企信通”之类的系统群发软件，就可以在第一时间内把企业的广告信息发送给它的目标用户群，而这些用户通常也会十分需要这类信息来帮助他们更好地选择产品，因此这种短信广告会成为企业与消费者双方都乐意接受的广告形式。

另外，通过与移动运营商的合作，广告主们可以了解到手机用户每月话费额度，而按照逻辑手机话费额度越高的用户其收入越高，购买力也越强。这样，广告主们便可以轻松地确定谁是自己的潜在消费群体，做到有的放矢地传播。

手机的“终端即人”效应为广告信息的针对性发布、广告受众的精细化识别和广告需求的定制化消费创造了极其有利的条件。由于手机与消费者个体的自然捆绑，广告商可以选择性地向目标消费者实现有效推送，消费者也可以通过定制个性化信息到手机实现所见即所需。同时，商家通过对消费者的这种信息定制行为和消费行为进行积累和分析，可以有效地挖掘高价值客户、分析消费动向、预测市场发展情况，为设计和评估新产品、新服务、新促销策略提供详细和迅捷的第一手数据。

某品牌汽车市场部经理曾经说过：“汽车的消费群主要就是高收入人群，而我们研究了这些人群的生活形态之后，发现他们由于工作繁忙，与报纸、电视等传统媒体的接触时间比普通人少很多，如果继续选用传统媒体去覆盖这些受众的话，将会有大量的预算浪费在错误的人群中。因此，分众传媒成了我们的重要选择。由于生活形态的改变，传统媒体往往很难打动某些目标受众。”

另外，手机的设计也针对了不同的人群，如成功人士、白领女性、时尚一族和学生群体等，由于他们的购买力和消费层次不同，对手机的要求及所接受信息的要求也明显不同。因而，在手机和短信都具有分众性的情况下，广告的投放目标无疑是相对明确的。

3.2.5 及时快捷

移动营销相对于其他的营销方式来说更为快捷。对于所发送的广告信息来说，一是制作快捷，二是发布快捷。文本短信息广告是目前最常用的方法，由于技术上对信息的长度有限制，因此理论上一则手机文本短信广告从制作到发布也许只需要数分钟时间，甚至更快。手机多媒体广告的制作同样非常简便，使用多媒体编辑软件就可以很方便地进行文字、图片、手机铃声以及动画的编辑，甚至可以直接把 IE 浏览器、Windows 资源管理器中的文本、图片、声音、动画发送到目标手机上。语音性质的手机广告制作类似于广播广告，也十分快捷，甚至可以把声音效果较好的电视广告直接进行播放。

对于信息的发布来说，由于短信、彩信、微信广告的发布几乎可以做到随时随地，因此广告一经制作完毕，马上可以发布，只要用户手机是开通的，能接收到信号，广告信息就能马上送达。虽然信息的发布速度取决于信息的数量和运营商的网络状况，但基本上是在几秒内最多几分钟的时间内完成，基本上感觉不到时间差。

3.2.6 到达率高

移动营销具有不可回避的信息传播方式、信息抵达率高达 100%。对于传统媒体而言，宣传信息具有极强的选择性和可回避性，如户外广告可能没人看，电视广告的时效性太强且容易错过，报刊的广告专版又容易被大多数不感兴趣的消费者略过。这就使企业广告宣传资金费用随着公众的回避而付之东流，达不到预期的宣传目的和宣传效果。而手机用户一般随时随地将手机携带在身边，因而手机广告信息在网络和终端正常的情况下可以直接到达每一个个体用户，而且存储—转发机制的消息服务和浏览类服务对时效性要求不强，进一步确保了这种可达性优势的延续。如在进行短信营销时，企业发送的促销信息必定能到达受众。哪怕用户处于关机状态或不在服务区，短信息业务中心可以进行暂存而不至于信息丢失，一旦开机或信号联通，短信息就会自动发送。当受众的手机处于正常状态时，短信息业务中心马上会将其进行传达。并且，如果信息发送到有需求的客户手中，客户会将其保留一段时间，延长信息时效性，使信息更有增值效果。而传统营销所借助的媒体无法达到这个效果。

3.2.7 可靠性

企业终于有机会了解和监督信息被有效地发送给目标受众（传统的直邮寄达率在20%左右），再也不用担心广告印刷公司偷工减料、邮递公司虚报数量了，这是传统的媒体无论是电子还是纸质都无法比拟的。由于手机广告的直达性，广告商不仅知道广告在内容、时间、目标受众等方面是否都有效地实现了，而且广告的效果方面都是其他媒体所不能比拟的。

3.2.8 效果可测量性

传统媒体大多是会对多个对象同时展开宣传的，其浏览率很难有准确的资料统计，宣传效果也很难衡量。而移动营销信息运用其独特载体，应用一对一的宣传形式。在营销的过程中，企业可以准确地监控回复率和回复时间，从而为企业提供了监测营销活动很便捷的手段。

通过对移动运营商对广告返回的结果进行评估，企业既可以及时获得消费者对产品和服务的满意度，也可以了解产品的市场地位，有利于企业及时调整营销策略和方针，及时开发和投放市场需求反映强烈的产品，对提高市场竞争力和促进企业高效运作有着非常大的提升作用。

3.2.9　易接受性

一般而言，移动营销比较容易被接受。一项由 HPI 调查集团进行的有关移动电话广告推广活动的市场调查显示，如果移动电话广告活动宣传的商品和活动能够提供一定的折扣，几乎所有的被访者都愿意接受这样的广告方式。该调查包括 11 个国家超过 3300 名移动用户，86%的受访者表示，如果能够获得折扣，他们愿意在移动电话上接受广告信息。手机作为人们身体的延伸、人们生活的一部分，与冷冰冰的电脑相比，在手机上的广告更容易令人接受。

3.2.10　覆盖面广、用户众多

移动营销的对象为中国移动、中国联通、中国电信等运营商的所有用户，与传统媒体的多选择性所造成的低浏览率、不可预计性相比，具有无可比拟的覆盖率高、覆盖面大的优势。而且手机使用频率高的消费者，容易接受新生事物，是商家理想的宣传对象和目标消费群体。

3.2.11　营销信息宣传具有独一性

报纸分类广告一般是所有商家的营销信息都在其中，客户一定会做整体比较。移动短信营销信息只将某商家的信息发布到客户手中，如果客户需要，那成功的营销结果便会出现。

3.2.12　客户四个身份统一

移动营销在本质上不是卖资源，而是在做客户服务，做客户精准信息库，而这个精准的意义就建立在四个身份的统一基础上，如自然人身份、通信号码（通信身份）、交易身份与支付身份的统一。2006 年开始，中国实行手机实名制度，随着更多的通信技术向移动通信设备商的转移，E-mail、IP 号码都会整合在手机上，也就是个人身份将会与通信身份整合在一起，如一个 VIP 客户，通过号码就可以判断出其真实身份。同时可以利用、信用卡与手

机的捆绑启动支付流程。而四个身份的统一使得营销、购物、交易整个过程统一到一起。

3.2.13 营销成本低

对于报纸庞大的编采、印刷、发行队伍，电台电视台高昂的机械设备和大成本的制作队伍来说，以短信息为例，手机的信号传输和服务费用要低廉得多，以此为平台的运营商和广告商在成本上无疑是极大的压缩，更加经济可行，提升了单位成本内价值的有效传播。

在移动营销的过程中，所传播的信息都是数字化的，从而省去了传统的印刷媒体所需要的实物成本和广告中介高额的手续费，也省去了需要在电子媒体如电视机和广播上占取黄金时段而支付的大量广告费。在移动营销过程中所使用的短信、彩信费、网络流量费都非常低廉。在手机广告业务中，广告商作为发送方群发广告短信，花费很少。而一个北京机场高速路边的大型户外广告牌价位达到每年一二百万元；互联网网站首页顶部横幅（Banner）广告位（480mm×60mm）大约是每月数百元至数千元，首页标识（Logo）广告位及动感标识（Active Logo）更贵；更不要说电视广告动辄上千万元的巨额资金了。更重要的是，由于这些广告的受众中目标客户的比例不高，成本高一直是难以解决的问题。而手机广告的一对一营销模式大幅度提高了广告的“命中率”，因而大大降低了企业的营销费用。尤其是随着中国通信网络上降费提速政策的落实，企业的移动营销成本将迅速降低。

3.2.14 自发扩散效应

手机上的营销消息的转发非常方便，因此无论客户对某种产品或服务是否感兴趣，都可以方便地将这类信息保存并转发给其他感兴趣的亲友，而接受方可能也会将信息进一步转发下去，从而自发地扩大了广告的有效受众数量。

移动营销相比于传统营销，具有灵活快捷、低成本等优势，两者比较结果如表 3-1 所示。

表 3-1 移动营销与传统营销活动比较

营销业务	传统营销	新型移动营销
地点	①必须使用一定的场所 ②有场地租金等成本 ③有公关、礼仪、布展的成本要求	①无场所要求 ②客户基本上具备手机等移动信息工具
时间	①由于成本的影响，营销活动时间不能太长 ②及时性差	①可以持续很长时间 ②营销信息可实时到达 ③企业与客户的互动可以及时处理
受众及被关注程度	①受众面有限 ②受众消费倾向 ③受众的反应和接受情况不清楚	①特定的客户群，如卷烟零售客户 ②抵达率可达 100% ③不可回避性 ④可以实时得到反馈
深度营销	①进行面上营销 ②特定客户无法营销 ③无法进行深度目标客户分析	①可以进行特定用户群营销 ②可以进行深度目标客户分析，并根据客户的个性化要求进行具体营销
成本	比较大	比较小
效果	一般	良好

3.3 移动营销的主要工具

移动营销是在数据业务发展的基础上发展起来的，主要是利用手机媒体进行各种营销活动，包括收集信息、进行促销活动、销售产品、维系客户关系等。最适合的产品是：无线增值产品、数字影音类产品、快速消费品、运动用品以及连锁店或各种直接的个人消费服务。目前，移动营销主要可以应用在如下几个方面：①移动优惠券。移动优惠券将有较高的使用率，与纸质优惠券相比，储存在手机里的优惠券难以丢失和忘记。移动优惠券至少有三个优势：以移动电话号码为基础的目标命中率高；时间敏感性强（如进入商店购买时就可收到20%的折扣）；使用方便，在零售终端扫描一下优惠券的条码即可（Scharl et al.，2005）。②客户关系管理。加入忠诚项目后，消费者能收到免费的时事通信、图片、彩铃、奖金或优惠券等。如一名移动电话经营者可以向他们的客户发送短信告知当其电话储值额降低时，在那里可购买到最便宜的储值卡。另外，被提及较多的一种应用是，当客户未能按时支付账单时，企业会给客户短信提醒。③娱乐性的促销服务。大多数人有娱乐的天性，因而通过提供短信、移动游戏和奖赏有助于其产生高的参与度和帮助吸引与维系顾客。研究表明，娱乐应用提升了年龄在12~16岁年轻的网络一代消费者的顾客忠诚度。Big Brother 和 American Idol 在电视竞选活动中，让观众通过短信投票支持他们喜爱的对象，以及华纳兄弟和 Wella 公司的活动，都展示了娱乐性的移动服务。

在移动数据服务技术发展的基础上，移动营销可以通过如下几种工具来开展。

3.3.1 短信营销

短信也称为SMS，曾是我国主要的消费热点。中国移动目前的SMS月流量已经居全球之首，SMS用户普及率几乎达到了100%，同时，相对于国外90%的普及率而言。目前全世界大约每个月有3500亿条短消息，其中有15%的消息是关于商业和市场营销的。虽然前几年短信量有所下滑，但根据中国工信部最新数据显示，2018年2月，移动短信业务量和收入同比实现由负转正。受春节期间企业短信业务爆炸式增长影响，1~2月，全国移动短信业务量完成1114亿条，同比上升8.4%，增速实现由负转正。短信营销占据企业移动营销很大份额的原因在于它的费用低廉、潜在广告对象群体巨大，并且可以大大提高手机广告运行速度，因为短信的文本远远比无线上网文件小，无论是传输过程、打开速度还是存储容量，都有很大的改进。

短信营销所采取的主要方式有：①短信防伪。在每一件商品上贴上唯一标示的代码，消费者发送内容为该代码的短信到某一接入号，便可以查询商品的真伪。②短信销售促进，如短信互动竞猜、抽奖、短信优惠券等。通过促销广告、商品外包装上的促销活动介绍，消费者可以通过发送短信的方式参与到促销活动中来，如短信竞猜。在短信促销活动中，常常给予消费者一定的优惠，如"凭此短信可折扣20%"等。③短信市场调研。在短信促销的基础上，可以进行有关消费者行为、态度、市场分布等的市场调研。结合手机定位技术，还可以了解目标消费者的地理分布、了解每个卖场的出货情况。④短信订购。少部分产品可以直接通过手机扣话费的方式或者通过短信衔接到移动支付平台来进行支付。⑤短信客户服务。有些企业通过短信的方式来为用户提供咨询、疑难解决、产品与服务的退订等服务。如派克兰帝公司会根据需要随时运用短信群发、定时短信提醒等方式来对客户进行管理。每到节日来临，派克兰帝的客户都会温馨地收到一条祝福的短信。而公司举办各种让利活动的时候，客户也会在第一时间收到打折信息。派克兰帝通过短信把促销信息推送给自己的会员，一方面保证了快速告知，另一方面也保证了来者的购买力。结果效果很好，短短几天就消化掉了大量产品，不仅场地成本降下来了，同时也缓解了库存压力，这是派克兰帝营销的惯用方式。这种方式省去了用传统的商业广告及其他促销方式所花费的时间与费用。⑥短信广告，即将广告以短信的方式发送给用户。短信广告中比较亮丽的一道风景线就是小区短信广告，简单来讲就是在特定区域（如机场、车站、卖场、酒店、旅游景点）、特定时间（如活动、促销、开业）对特定人群（如本地、外地移动用户）发送特定短信的无线增值服务，它的特点是快捷、高效、准确。如在广州北京路商业街附近就会收到关于这个商业街的广告信息。这种模式非常适合区域化商户的促销，尤其是各类传统商户，运用移动定向、定位技术将大大提升营销效果。如2006年第十一届世界女子垒球锦标赛在北京丰台垒球场开幕时，到丰台体育中心现场观看开幕式和比赛的观众，都意外地收到了人性化的服务短信，为激烈的比赛增添了许多温馨的色彩。发送的短信内容为"请您在观看比赛时，为双方队员加油，您的举止就是北京的形象！”和“退场时请您仔细检查有无遗漏物品，并带走您座位周边的废弃物，共同保护我们的美丽家园”。这让在场的观众感觉良好。

3.3.2 彩信营销

由于短信业务在 2G 取得的成功，移动运营商将目光迅速投向了 MMS。中国移动早在 2002 年 9 月推出了 MMS 业务。MMS 业务最大的特色就是支持多媒体功能，能够传递功能全面的内容和信息，相比于原有的普通短信，除了基本的文字信息以外，更配有丰富的彩色图片、声音、动画、震动等。通过彩信的方式，企业可发布产品图片、电子优惠券和企业 LOGO 形象等。

3.3.3 手机视频广告

即将广告做成手机视频的形式，投放在移动端界面，或者各种移动 APP 上。手机视频广告比短信广告、彩信广告更具有吸引力，唯一不足的是在手机上网流量费用比较高的情况下，消费者往往选择在 Wi-Fi 的情况下打开，从而限制了手机视频广告的覆盖范围。

3.3.4 WAP 营销

在微信营销、APP 营销尚未发展起来时，企业往往以手机 WAP 的形式来开展移动营销，主要包括移动搜索、WAP 门户广告及 WAP PUSH 等。WAP 无线应用协议是一个开放式标准协议，利用它可以把网络上的信息传送到移动电话或其他无线通信终端上。WAP 是由爱立信（Ericsson）、诺基亚（Nokia）、摩托罗拉（Motorola）等通信业巨头在 1997 年成立的无线应用协议论坛（WAP Forum）中所制定的，可以把网络上的信息传送到移动电话或其他无线通信终端上。它使用一种类似于 HTML 的标记式语言 WML（Wireless Markup Language 不是无线标记语言），相当于国际互联网上的 HTML（超文件标记语言）并可通过 WAP Gateway 直接访问一般的网页。通过 WAP，用户可以随时随地利用无线通信终端来获取互联网上的即时信息或公司网站的资料，真正实现无线上网。

简单地说，WAP 服务就是手机直接上网，通过手机浏览器浏览 WAP 站点的服务。无论你在何地、何时只要你使用具有 WAP 功能的移动终端，连接到一个与 Internet 相连的 WAP 网关，就可以像桌面用户一样随时随地随身地访问互联网，享受无穷无尽的网上信息或者网上资源。WAP 其实就是一个小互联网，互联网能实现的功能，在 WAP 上一样能够实现，如综合新闻、股市动态、天气预报、商业报道、在线聊天、在线游戏、下载铃声和彩图、电子商务、网上银行、移动搜索等。

玉兰油 OLAY Definity 焦点白皙系列的广告，宝洁公司就选择了以手机作为发布平台，由上海文广新闻传媒集团（SMG）旗下的上海东方龙移动信息有限公司出资建设，启动了 OLAY Definity 系列产品的官方手机 WAP 门户。手机 WAP 门户与美容产品线的结合创造出了新的产品营销和服务模式。安踏"助威中国冬奥健儿，这一刻为中国"的推广活动也采取了 WAP 推广的形式，以酷炫的流媒体广告生动地展示了企业品牌形象。

通过手机 WAP 门户，产品制造商能快速收集用户对产品的反馈意见，零售商能实现产品的售前咨询和售后服务，服务商能快速地了解客户的需求。除了在 WAP 网站上做广告外，企业还可在 WAP 上提供电子折扣。通过消费者主动上网获取电子折扣的形式可以帮助商家避免无效的打折浪费，以及打折信息传播方向单一和范围有限的问题。

企业也可通过无线互联网技术来进行销售，这样销售对象更加明确，也精简了销售步骤，实现全自助化。另外，通过 WAP 技术，企业可以掌握更多的客户资源，并根据不同客户的特点来设计各具特色的销售方法，帮助企业实现精确的促销，从而提高营销活动的效率。如消费者在浏览手机产品信息时，这个网站就会向消费者发送手机产品的折扣信息，而且展示的形式也是多种多样的。运用流媒体等丰富生动的表现形式也会因此提高用户回馈的比例。有的美容企业还可以与音乐下载网站合作，为注册客户提供下载歌曲、彩铃的方式，对部分功能收费。一方面，可以扩大企业的知名度；另一方面，与音乐下载网站的合作也可以为自己的客户在手机个性化享用这一环节节省费用，增加他们对企业的好感。

3.3.5　手机游戏营销

由于手机游戏能够给用户带来新鲜感和快乐享受，同时也彰显出了使用者的个性，所以更受崇尚个性、追求时尚的“80后”“90后”所青睐。企业既可以在手机游戏中嵌入商业广告，也可以直接开发手机游戏广告或者以手机互动游戏的方式来进行。

目前手机游戏已经不再局限于下象棋、吃金豆、打砖块等小游戏，而是通过休闲益智、联网互动、竞技比赛等多种游戏燃起消费者的激情。目前，市场上所有手机均配备游戏功能，每台手机都是潜在的广告目标。企业通过将广告内容和游戏有机结合起来，使玩家在游戏过程中与广告产品直接进行互动。这是一种基于无线增值服务的手机互动广告，广告代理公司与手机游戏内容提供商签署协议，手机游戏内容商提供免费的游戏版本，然后广告代理公司负责相应的广告嵌入技术和后台建设，其广告收入双方分成。不过在游戏中插播广告时，如果应用不当，会引起终端用户的反感。手机互动游戏广告关键在于终端客户的主动选择性，在游戏中插播广告目前主要有两种模式：一是在下载每一款游戏前需要欣赏相应的广告；另外就是在游戏中人和物本身的设计上下功夫。如游戏人物穿的鞋子是阿迪达斯、游戏人物喝的是可口可乐等，让手机用户在符合情节的设计中潜移默化地接受广告的轰炸。据了解，在玩家玩足球游戏的时候，足球场四周的广告位也是通过厂商竞价买来的，和现实中的足球比赛场的赞助商广告如出一辙。另外玩家虚拟角色穿的衣服、球鞋、喝的饮料等都可以拉来赞助商。

3.3.6　彩铃营销

彩铃简称CRBT，该业务被叫作触发业务，即在电话拨通过程中，主叫用户就可听到电话中悦耳动听的回铃音，而不是通常情况下听到的“嘟、嘟”等单调的回铃音。

以彩铃的形式传播商业信息，可以有效解决受众对于商业信息有意识地拒绝和回避的问题。消费者对于报纸广告可以忽略或视而不见，对广播电视广告可以选择换台或关闭，在收到短信广告的时候，用户也可以选择只看开头后选择删除。而彩铃广告的收听是受众在等待接通电话时必须付出的时间段，受众很难选择略过或挂断，这样就保证了手机广告接受的完整性。如某公司将其制作的产品广告制作成音频，用户将其设置为其彩铃，这样所有拨打该用户手机的人都能听到这段彩铃广告，而作为回报，用户每月手机费的一部分将由广告主为其买单。华旗资讯公司就有过这样的尝试，凡是在上班时间拨打该公司员工手机，都将听到一段有关公司的广告。也有一些企业主动将广告精心制作成彩铃供消费者下载，比如伊利优酸乳的广告歌曲就被制作成彩铃借助海量的下载促进宣传。挪威 DNB 银行在彩铃营销上也做出了成功尝试，为了提高银行在客户心中的认可度、美誉度，搭建起品牌与客户的桥梁，改变银行服务平稳、刻板、严肃的形象，该银行曾在圣诞节来临前在常规的客服热线上做起了“手脚”，而这巧妙而细致地调整的确恰到好处地给品牌带来了温馨又美好的色彩。DNB 银行所做的只是让品牌赞助的挪威广播男生合唱团以他们最为擅长的“歌唱”形式来录制客服电话的内容，如“您好，人工服务请按 2；自助服务请按 3……”，而这种改变却让原本枯燥而生硬的服务接听等待过程变得悦耳动听，拨打客服电话甚至成为了当时人们的新体验、新乐趣。数据显示，活动实施一周内，DNB 的客服访问次数达到了 200 万人次，这相当于挪威总人口数（490 万人）的 40%，来自 DNB 的圣诞祝福也承载着人们对其服务特色的理解和褒奖，最大化地传递和分享给了更多人①。因此，彩铃广告的制作和投放是必须要考虑的问题。广告的质量和艺术性要高，内涵和目的要明确，投放应极力避免强制性，以免适得其反。

① DNB 银行行销案例《唱诗班》.［2018-04-10］http://v.youku.com/v_show/id_XMzQ3MzU4ODA0.html. 2012-01-31.

3.3.7 信息名址互动营销

2009 年 12 月 12 日，由工业和信息化部、工业和信息化部电信管理局、工业和信息化部信息名址工作管理委员会指导，工业和信息化部电信研究院主办，工业和信息化部电信研究院信息名址服务管理中心承办的“3G 中国行”企业移动信息化应用高峰会——“中文信息名址全球开放注册启动仪式”在上海启动。信息名址技术及其应用服务是移动互联网应用服务的核心技术，是推动移动互联网发展的基础服务；而基于短信、彩信、WAP、IVR 等多种应用服务，是企业搭建移动信息化平台的有力工具；集合了自动回复、留言、防伪、群发、定时发送等功能的企业营销软件，移动 CRM、移动 SCM 等多种移动增值服务将为企业的营销和管理插上移动的翅膀，帮助企业成功应对移动商务时代的新挑战。

企业注册信息名址后，手机用户就可以通过发送其注册名称到信息名址统一号码 12114 实现和企业的信息互动。企业也可以更加方便地面向手机用户进行营销和服务。企业通过信息名址可开展短信咨询、短信留言、短信投诉等一系列客户服务活动，降低企业客服成本、获得客户资料、了解客户需求、解决客户问题，实现与客户无线互动。以往，在各个行业，信息名址都曾有广泛的应用。商场可以发布打折促销信息，餐饮行业可以实现短信订餐，服务行业可以组建 VIP 俱乐部。除此之外，注册信息名址极其方便，每年只需缴纳少量注册费，且无须专业人士进行维护，只需不时地更新回复栏目的信息即可。国内外许多知名的企业及机构都曾开展过信息名址营销，如中国基金网、利郎、安踏、诺亚舟等及屈臣氏等。信息名址不仅能使用户方便快捷地访问到目标信息，而且企业可通过信息名址向消费者提供图文并茂的产品信息和互动活动的资讯。如可口可乐公司曾与信息名址中心合作，促进其产品在北京地区的销售。2011 年 9 月 5 日 ~2011 年 10 月 15 日，在北京地区，凡购买北京可口可乐饮料有限公司的可口可乐、雪碧、芬达促销瓶装 2 升产品任一瓶，凭瓶盖内的 8 位编码，发短信 COKE#8 位编码至 12114，即可参加"畅饮可口可乐公司汽水系列产品，赢取价值4999元旅游抵用券"促销活动，有机会赢取相应奖项，综合中奖率100%。该活动大大促进了可口可乐的销售。

3.3.8 二维码营销

手机二维码是二维码技术在手机上的应用。二维码是用特定的几何图形按一定规律在平面分布的黑白相间的矩形方阵记录数据符号信息的新一代条码技术，由一个二维码矩阵图形和一个二维码号，以及下方的说明文字组成。二维码具有信息量大，纠错能力强，识读速度快，全方位识读等特点。将手机需要访问、使用的信息编码到二维码中，利用手机的摄像头就可以识读，这就是手机二维码。2002年，韩国和日本就开始使用二维码。到2006年，二维码广告、二维码名片、二维码票券等在日本、韩国已经相当普及。当时韩国的蔬菜上都印有二维码，消费者可以通过手机扫码轻松获取食品的信息。在中国，2006年5月，中国联通公司推出国内第一款条码手机ET980。中国移动公司于2006年8月推出手机二维码应用条码识别业务，并且与多家手机二维码解决方案提供商进行了合作。2007年，国家标准化管理委员会发布了GB/T 21049《汉信码》国家标准，标志着汉信码技术正式成为我国自动识别和数据采集技术的一员。2010年末，灵动快拍公司发布了一款二维码扫描识别软件"快拍二维码"，并成为国内首个智能手机终端中文二维码识别软件。因其设置、扫描识别及解码速度等方面均有较高水平而成为二维码行业的领先者，推动了二维码在我国的发展。2012年，中国手机二维码的市场发展进入爆发期，二维码市场规模达到2.9亿元。2014年，二维码的应用已经渗透到餐饮、超市、电影、购物、旅游、汽车等众多行业和领域。2014年6月，阿里巴巴集团召开发布会，对外宣布"码时代"已经到来。阿里巴巴依托庞大的商品体系、云端数据库以及自主研发的扫码技术，联合众多商家推出"码上淘"项目。2016年8月3日，支付清算协会向支付机构下发《条码支付业务规范》(征求意见稿)，意见稿中明确指出支付机构开展条码业务需要遵循的安全标准。

目前手机二维码主要可以用在二维码商品搭配推荐、二维码促销、产品销售及二维码扫码支付等方面。消费者可以使用手机登录网站或者发送信息获得二维码优惠券并在商家的终端机上打印出优惠券使用。同样，各种会员卡、优惠卡、票据都可以以二维码的形式下载保存到手机里，再经过终端机扫描确认即可使用。这样运营商、商家、消费者就形成了一个良性运作的系统，并最终形成便利的移动生活圈。目前，我国各种公共场所纷纷结合二维码进行宣传和推广，以提供便民信息与用户互动等。二维码在国民经济发展和人们的日常生活中有着重要的作用，特别是在产品追溯、食品安全、生产制造等方面。在中国二维码注册认证中心看来，追溯的关键在于二维码的开放与源头管理。无论是食品，农产品还是生产原材料、快消品，在 ID code 统一标识体系中，这些“物”都可以被分配一个唯一的二维码作为它的二维码身份证，只有身份标识的唯一性，才能使得企业生产的产品质量可追溯、实时监控与便捷管理。另外，随着微信功能越来越强大，尤其是支付功能越来越完善，“扫一扫”创造了巨大的价值。二维码作为一个很普及的重要的广告载体，迅速地获得了广大企业及商家的青睐，快速为广大消费群体所接受。在移动互联网与 O2O 商业模式中，通过不同的“产品码”“企业码”“活动码”可以直接面对消费者，有多少个码流入市场，就有多少个销售入口，这不仅可以为企业和客户建立沟通桥梁，还可以让新老客户参与到企业的营销活动中，并与企业共互动、共成长。

近些年来，二维码营销已在企业中得到了广泛应用。如在 2014 年上半年，美特斯邦威开展二维码营销“谁是免单王”的活动，只要消费者用手机扫描二维码获得“美特斯邦威”的任意一个字，就可以获得公司提供的奖品，但在扫描二维码之前先要关注美特斯邦威的微信公众号。星巴克在二维码营销的应用上也是收获满满，如星巴克的咖啡杯套上，有时会贴有一个带有二维码的宣传标签。用户登录微信，扫描二维码，可将“星巴克中国”加为好友。用户向“星巴克中国”发送一个表情符号，星巴克即时回复，用户即刻享有星巴克《自然醒》音乐专辑。星巴克的“咖啡+音乐”《自然醒》系列可以根据用户发送的心情推送不同的音乐，让每一位顾客感觉自己被推送的音乐都是量身定做的。咖啡杯套上的二维码把咖啡杯从一个简单的杯子转化成了品牌，用个性化定制的 MV 来回应粉丝的心情，以有趣的音乐与心情互动的感性沟通方式吸引消费者关注。这种方式收到了很多好评，吸引了消费者的兴趣与关注，提高了消费者对星巴克的认可度，树立了星巴克在消费者心目中良好的品牌形象（魏斌，桑岳，2014）。在韩国，星巴克利用手机二维码开展了“用外带咖啡杯做一个小花园”的活动。每个来星巴克买外带咖啡的顾客，除了拿到一杯芬芳四溢的咖啡外，还会随纸杯托获赠一包种子和一包混合了咖啡渣的种植土。顾客可以用喝完的咖啡杯种植植物，打造出一个属于自己的心灵花园。顾客通过扫描包装上的二维码，就能获得详细的 DIY 步骤，从如何把咖啡杯组装成一个小花盆，到如何护理已发芽的种子，一目了然的教程跃然入目。这个活动刚刚开展，就受到大批顾客的拥护和追捧。活动开始后，人们热衷于打造自己的秘密小花园，每天都拍照记录种子的生长情况，并把照片发布到网络上，和各地网友分享生命的神奇变化。这项活动曾从韩国开始风靡全球，有 51 个国家共 9.7 亿人参与进来，DIY 自己的小花园（关小云，2016）。在星巴克全国门店（江浙沪除外），只要用户用微信的“扫描二维码”功能扫描星巴克咖啡杯上的二维码，关注“星巴克中国”微信公众号，就有机会获得星巴克全国门店优惠券，并成为星巴克 VIP 会员。通过二维码这个入口，让许多不熟悉甚至是不知道星巴克的消费者能够近距离地接触星巴克，拉近了星巴克与消费者之间的距离，提高了星巴克的知名度。通过扫描二维码关注“星巴克中国”后，消费者能够实时接收到有关星巴克的最新商品信息以及打折促销等活动内容，从而激起消费者的购买欲望，诱导其进行消费。

目前，手机二维码在企业营销中的应用主要包括如下几方面：

（1）延伸销售渠道。消费者可以在想要了解该店铺信息时扫描广告中的二维码浏览商品信息，进行交易并支付。这个过程没有时间、地点的限制，而且扫码之后，用户还可以得到更加详细的内容，就如同一间能够随时移动的店铺，可以方便用户随时随地查看商品。

很多老牌互联网公司都开始对准线上外卖行业。通过整合资源，利用品牌优势，开展移动互联网营销。如百度外卖，利用百度地图和百度团购中的商家和客户资源优势，形成了一家专业外卖服务平台——百度外卖。百度外卖覆盖了众多优质外卖商家，为客户提供方便快捷的网上外卖订餐服务。一些加入百度外卖平台的实体店商家可以通过在店内引导客户扫描二维码下载APP，方便客户今后足不出户就可实现轻松订餐，并且还可享受一定的优惠。百度外卖网也会通过赠送用户代金券形式引导客户扫描二维码下载 APP。二维码与电子商务的结合开启了人们便捷购买、快速支付的生活方式，也促成了交易的购买行为。

（2）线上线下的连接入口。企业 O2O 平台中，线上线下的有效联通是关键，手机二维码的出现正好充当了这一连接功能。智能手机用户对二维码进行扫描，可以实现跨屏浏览、购买、支付等一系列服务，这样避免了在手机浏览器的地址栏输入网址的麻烦。麦当劳早在 2010 年就开始与淘宝网合作，并推行二维码营销。客户只需要在麦当劳网店选择产品，并且填写手机号码，确认支付后就能快速获得附有二维码的短信，凭借这个二维码就可以去麦当劳实体店领取商品。这种方法十分简单，而且线上拍单、线下领取的方式对客户来说也十分方便。二维码是连接线上和线下的桥梁，实力雄厚的实体店很重视二维码在“双线营销”中所担任的角色，因为通过二维码营销，企业可以整合资源，实现全方位营销（柏丽娟，王婵，2014）。

（3）宣传平台。二维码就是一个入口，通过扫描二维码，将用户接入企业微信平台、淘宝或者企业网站等企业指定的平台。很多企业较为重视利用二维码宣传企业形象的功能，所以在二维码中加入了企业的图片、LOGO、成果、荣誉和奖项等，这能提高企业的美誉度、诚信度、知名度，从而使企业树立良好的形象。如客户只需扫描星巴克的微信二维码，就可以关注其微信公众号，也就能看到星巴克的最新形象展示，从而达到宣传品牌的效果。

（4）二维码优惠券。餐饮业、快速消费品行业、服装业及电商行业等企业为留住老客户和赢得新客户，通常会发放会员卡、优惠券来做促销。在传统营销中，企业通常是通过宣传册、户外广告等进行宣传，然后向客户发送纸质的优惠券或会员卡。纸质材料存在较大缺陷，如不易保管、容易丢失、客户易忘记优惠券的使用日期，且对企业来说要花费大量的人力、物力和财力来印制、发放宣传册及优惠券。与纸质优惠券相比，二维码优惠券主要有以下几方面优势。第一，实现了从电子优惠券生成、发送到客户、兑换的全过程灵活方便。企业可以直接通过计算机终端进行有效管理，促销过程十分简便。第二，二维码优惠券解决了客户保管难、忘记携带等问题，且提高了客户购物的便捷性和安全性，同时也为企业节省了大量的成本。第三，便于商家管理。商家可以针对不同客户群发送不同的促销内容和优惠活动，也可以根据客户级别来设置二维码优惠券的使用次数，以此满足企业的个性化营销和管理。第四，企业可以即时掌握电子优惠券的兑换情况，准确地统计出客户的使用率，并据此评估促销效果，以便调整促销策略。

3.3.9 手机微博营销

微博，即微型博客（MicroBlog）的简称，是 Web 3.0 新兴起的一类开放互联网社交服务。它是一个基于用户关系的信息分享、传播以及获取平台，用户可以通过 Web、WAP 以及各种客户端组建个人社区。第一个微博产品是 2006 年崛起的 Twitter。2007 年 3 月，微博的概念引入国内。就像 Twitter 对所有用户的那句经典问句"What are you doing?"，微博是一个三言两语、现场记录、晒晒心情的地方。它实际上是一个实时的广播工具，每个用户拥有自己单独的频道，并拥有自己的听众；自己可以关注别人成为别人的听众，听众也可以收听自己，并转发自己的信息。Twitter 限定每次发送的文字数量为 140 个，国内微博引进的时候，也将字数限定在 140 个汉字。相对于传统博客的长篇大论，这样的字数设置更激励用户发表言论，同时也更适应网络时代人们的阅读习惯。2009 年 8 月，中国最大的门户网站新浪网推出“新浪微博”内测版，成为门户网站中第一家提供微博服务的网站，微博正式进入中文上网主流人群的视野。新浪，在 2009 年 8 月推出新浪微博，借其惯用的“名人路线”大获成功，在国内微博界独领风骚。中文微博在 2009 年之后的发展也异常迅猛。微博服务商犹如雨后春笋般崛起，除了独立微博以外，门户网站将微博视为新的“标配”。如网易、腾讯等门户网站及人民网、和讯网等媒体网站，也陆续推出微博。根据相关公开数据，截至 2010 年 1 月，该产品在全球已经拥有 7500 万注册用户。2016 年全球拥有 3.1 亿月活跃用户。2016 年 1 月，老牌微博新浪注册用户 2.1 亿（孙强，黄蓓蓓，2010）。

在微博迅猛发展的过程中，微博的营销价值也在不断凸显。2008 年美国前总统奥巴马在竞选中大量使用 Twitter，让整个营销界为之眼前一亮，之后很多美国大公司开始利用 Twitter 宣传自己的公司和产品。美国前总统奥巴马、美国白宫、FBI、Google、HTC、DELL、福布斯、通用汽车等很多国际知名个人和组织都在该网站上进行营销和与用户交流。企业微博营销主要是指公司开通官方微博，通过使用微博相关推广功能，为企业带来一定的利润收入。随着互联网信息技术的迅猛发展，公司可以通过微博发布消息，让世界各地的人们都可以认识了解该公司的业务以及产品，并起到宣传作用，从而间接达到盈利的效果。如华为公司为其一系列手机开设了多个官方微博。华为公司运用微博实时性、开放性和信息传播裂变性等特点，以此来提升企业相关信息的传播范围。华为公司在其官方微博上发布企业公司及手机产品信息，对其进行宣传，并且为想要购买手机的目标受众提供官方购买渠道。与此同时，华为公司还运用微博平台的评论和转发等功能吸引目标受众及其他公众参与和关注。然后公众对话题进行大范围讨论，可以形成被大多数人所接受的社会舆论，不仅扩大了其信息传播范围，还节省了华为手机进行品牌推广的成本（安旸，2017）。

3.3.10　APP 营销

APP 营销即应用程序营销，是指企业通过智能手机、平板电脑等移动终端上的应用程序来开展的营销活动（李欣璟，2014）。APP 营销主要包括：品牌 APP、APP 植入广告和联合推广、借助社交网络实现整合营销、与 LBS 结合开展本地营销以及开发品牌 APP 等（孙永波，高雪，2016）。随着移动智能手机、平板电脑用户的激增，许多企业发现了移动客户端（APP）应用软件的市场前景。近年来，APP 应用软件发展迅速，种类越来越多，据不完全统计，移动设备 APP 应用软件已经涵盖网上购物、阅读学习、社交网络、出行必备、游戏娱乐、摄影视频等接近 20 个领域、80 种类别、150 多万款应用程序（柏丽娟，王婵，2014）。在众多应用软件中，竞争非常激烈。这些 APP 不仅给用户带来全新的体验，也给企业带来新的市场。从 APP 流量效益可以看出，各大 APP 的广告投放和品牌宣传可以给品牌商和广告商等带来巨大的收益。

麦当劳在 2013 年开展了一次“夜亮了”APP 营销活动。2013 年 6 月 10 日~2013 年 7 月 9 日的每日 17：00~次日 5：00 开展 APP 营销活动，凡用户打开 APP 并点击“ON”键参与到其中的互动游戏环节的受众均可获得麦当劳优惠惊喜。该活动一共开设了五个游戏内容。第一个游戏名为“抓流星”，玩家须在活动期间的每日 17 时~次日 5 时的每个整点前后，抓住灿烂星空中随机划过的流星，即可获得优惠惊喜。第二个游戏名为“找星座”，玩家须搜索布满星座的星空，找出并点击全新的麦当劳星座，即可获赠优惠券。第三个游戏名为“麦派对”，玩家须拉上好友一起到麦当劳门店 1 公里范围内，进入“麦派对”点击“PLAY”键后，晃动手机，在规定时间内与好友一起摇亮星星并分享给更多的好友，即可获得免费美食。第四个游戏名为“星空分享”，玩家须进入“星空分享”，拍下你看到的璀璨星空并分享给好友，即可获得优惠券。第五个游戏名为“我的星范”，玩家须进入“我的星范”，用独家滤镜拍下你或好友的靓照，秀出亮夜星范。通过活动，游戏参与者可以

360度华丽旋转找星座，眼疾手快抓流星，也可以拉帮结伙去麦当劳餐厅参加狂欢麦派对。麦当劳还贴心地准备了独家滤镜，让游戏者第一时间晒微博秀美图。而且每一环游戏都有美食奖励。优惠券、10万份麦饭卷、甜筒等免费送，整个夜晚不亮都不行。麦当劳通过这次手机APP的互动营销，短期内增强用户体验的趣味性和鲜活度，并为企业的形象增添一丝活力与朝气。同时顺应了时下移动营销的热潮，更好地迎合了时下受众的网络接触习惯，增强了企业与受众的互动性。通过增加用户体验使得用户的忠诚度和活跃度都有了明显的提升。

也有机构利用APP开展公益营销。提到公益营销，很多人想到的是那些出现在电视媒体上的短短数十秒的广告以及简单又苍白的口号，从而对它的价值不予期待。实际上，公益广告委以创新的色彩，相比商业广告会更具感染力、说服力。美国最大的在线商务银行Ing Direct为了让没有能力就学的儿童有读书上课的机会，和联合国儿童基金会共同合作了一款手机与电脑结合的APP，当移动用户连上www.llevalosalaescuela.com网站时，就会发现许多儿童孤独地站在那里，因为他们的确无处可归，这时移动用户可以帮助他们，只需要0.79欧元下载手机APP，并将手机对准网站右下角的橘色区域，就可以看到孩子开始向前走了，接着手机里就会出现一所学校，网站的孩子会“穿入”手机并拥抱学校。这种公益行为不仅可爱有趣，还能真正帮助到这些想上课的孩子们①。

优衣库也于2013年推出了“码上优衣库”APP，该应用拥有浏览产品新闻、查询实体店铺信息、查阅商品手册、查收促销单页、移动商城购物等功能。利用APP线上发布新品预告和相关搭配，能够吸引客户到店试穿衣服，刺激客户的购买欲望，达到广告宣传和提高购买的效果。APP线上发放优惠券线下使用，不仅增加了门店销售量，也增加了APP的下载量，还扩大了APP信息发布的范围。此外，线上APP还提供地理位置定位功能，帮助用户

① 西班牙银行公益营销案例《带孩子们去上学》.［2018-04-10］. http：//v.youku.com/v_show/id_XMzQ4NDMzNjUy.html. 2012-02-03.

快速找到附近的门店位置。可见，该模式成功地加强了消费者对品牌的认知，使消费者很容易接触并认识到企业的产品，有了更多购买产品的入口和导向，为促进线下销量的提升创造了可能，提高了品牌影响力。

2011 年，美特斯邦威创建了自己的官方商城 APP——邦购，借助专业的咨询与服务，帮助消费者合理地搭配、购买服饰，让消费者在网络里感受购物的酣畅。并且，邦购网站可以绑定新浪微博和腾讯微博，不但避免了消费者注册的烦琐过程，还可以通过微博发布信息。

除了利用 APP 开展互动营销外，很多企业将企业宣传推广信息直接植入到常用 APP 应用中，如植入商业广告到腾讯开发的八大 APP 应用中：腾讯新闻客户端、腾讯视频、QQ 音乐、QQ 空间、腾讯微博、微视、看比赛、自选股等。另外，通过 APP 软件开展企业客服也是常见的 APP 营销方式，国内主要商业银行均已开通 APP 手机端服务。

3.3.11 微信营销

微信是一款即时为智能终端提供通信服务的免费应用程序，2011 年 1 月 21 日由腾讯公司推出，使用中须消耗一定的数据流量，操作简便，通过网络可以随时随地与朋友聊天，发送图片和文字以及语音和视频内容。支持“摇一摇”“朋友圈”“漂流瓶”“语音记事本”“公众平台”等通过共享流媒体的资料内容及以位置为基础的社交服务插件。与此同时，微信可以通过朋友圈以及公众号来推送相关信息，并且其有多种方法来添加微信好友和关注公众号，主要包括“号码搜索”和“扫描二维码”以及“摇一摇”和“附近的人”等，进行私人交流及各类信息的关注。随着微信用户的增加，其应用功能也不断地更新和创新，微信逐渐发展成为线上营销的主要平台。微信以其及时性、精准性、病毒性扩散等特性通过“扫一扫”“朋友圈”“公众号”“开放平台”等模式掀起了一阵微信营销的浪潮。目前，微信使用人数逐年攀升，微信用户的激增使得微信营销成为移动营销的重要部分。微信营销以手机通信录中朋友圈为载体，通过文字短信或彩信图片并辅以语音和视频的推广方式，改进和提升用户体验，开展灵活、便捷的商品销售，目前已成为区别传统零售和 PC 电商的新兴行业，蕴含着巨大的经济效益和社会效应，正逐渐改变传统消费模式，引导消费者行为习惯，有着广泛的应用价值和广阔的发展空间。

微信营销主要应用在智能手机以及平板电脑等移动终端上。商家利用微信公众号并通过会员管理系来向大众全方位展示自己的微支付和微活动以及微推送与微官网等，逐步发展成为网络与实体相结合的营销模式。

微信营销作为新式的移动营销，具备如下特点：①准确的营销传播。与其他信息传播方式相比，微信传播信息的方式更加准确，提供的对象一般是微信群里的好友或者以此来聚集的关注者。同时，对于一些潜在的客户来说，微信提供的信息更加准确，很多商家通过微信提供一些可以推送的文字，然后通过微信这个平台发送给相关读者，企业可以使用这个平台来传播用户感兴趣的信息。②互动信息的传播。微信传播信息的一个很重要的内容就是互动。企业不仅可以通过微信这个平台来传递商业信息，用户还可以通过微信平台和商家进行相关的互动，这样的沟通和交流没有时间和空间的限制，并且可以让企业知道自己在营销中存在的问题，从而不断地完善自己的服务。这种客户和商家一对一的沟通和交流的方式使用户的隐私信息得到了保护。③丰富的营销手段和方法。微信营销可以使用的营销工具包含微信群、朋友圈等，并且积极利用这些工具的特点来营销。不同的营销手段在不同时间和地点可以产生不同的效果，企业可以根据这些不同的营销内容来产生最大的效益。

在微信营销中，企业可以通过如下几种方式进行品牌宣传以及和用户互动：①微信群。微信群可以多人聊天交流，是微信中一个重要的多人交流方式。在创建以后，可以邀请顾客进群，在群内除了聊天，还可以分享视频、图片，便于跟顾客更直接地交流，介绍所销售的产品，让顾客们进行简单的了解并讨论。公司内部群可以更好地交流、管理，通知重要信息，传达重要指示。②位置签名。微信中的个性签名是大家都可以看到的，商家可以使用这个功能来免费增加虚拟路边广告牌，这样就可以将账号内容发送给目标客户，在签名的内容上增加品牌和产品内容的描述，企业可以使用查看附近的人来使用这个功能，如果用户对传递的内容感兴趣，就可以添加好友。③二维码。微信中还有一个重要的功能是二维码，如个人账号都有二维码，通过使用微信二维码的方式来进行扫一扫，这样用户就可以十分方便地关注自己喜欢的公众号，企业在注册相关账号的时候可以生成附加信息的二维码，这样的营销方式包含的内容有促销和优惠券等内容。二维码是微信传播内容的一个十分重要的手段，这样实现的传播内容十分便捷。④朋友圈。微信朋友圈是微信中使用最多的一个功能，朋友圈是由微信中的好友组成的圈子，通过这个圈子分享的内容，微信中的人可以知道好友的生活足迹，可以看到其他人分享的生活点滴，包含对生活的感悟、自己对待事情的观点和看法等，一些链接通过用户之间的传播和分享就会被他人所知道，这样就可以帮助公司传播更多的商业信息，并且微信中的好友不是一种强加的关系，这样传播的内容是值得信任的，这样的口碑传播信息的方式使得相关信息在朋友圈中传播得更快。⑤微信公众平台。腾讯公司推广的一个很重要的业务是微信公众平台。通过这个平台，可以实现信息的传递，也可以实现和用户信息的分享和互动，并且在这个平台上企业可以及时地回答用户提出的问题，对于提高公司知名度奠定了基础。用户订阅公众号，企业可以为用户提供准确的信息，这样有利于信息的及时收集。企业可以使用微信公众号平台来及时提供运营数据。微信平台的使用为公司和用户之间及时分享相关信息提供了一个十分重要的平台。

3.4　移动营销发展过程中存在的问题

尽管移动营销发展迅猛，但在发展过程中仍存在以下问题，如垃圾短信问题、手机终端问题、通信网络问题、安全技术问题、对 SP 的监管问题及移动营销设计问题等。

(1) 垃圾短信泛滥。无线业务丰富的服务内容和利润空间，为企业提供了比较科学的营销平台，同时垃圾短信也日益泛滥，如骚扰型的无聊恶作剧；欺诈型的中奖信息；非法广告，如出售黑车、麻醉枪之类；服务提供商违规群发，误导用户订制短信业务等。尽管目前国家已对垃圾短信进行了严格监管，但总存在一些漏网之鱼，让消费者防不胜防。

(2) 专业营销队伍缺乏。由于移动服务提供商出现的时间不长，相当一部分服务提供商是从网络运营商发展而来的，并非专业人员，在营销理念上也缺乏认识。对市场的定位和用户的细分也只是粗略进行，甚至有部分运营商只是模仿、照搬其他的产品内容。对产品的定位不明，受众群体不清，没有建立以用户需求为主体的业务导向，缺乏创新意识和品牌意识，也使移动营销的发展困难重重。

(3) 服务资费过高。资费过高限制了人们的使用欲望。短信成功的主要原因之一就是其低价位的资费政策。用户可将其视为可以替代话音通信的更加廉价的一种通信方式。用户除了订购业务需交纳的信息费外，还有 GPRS 的流量费，按流量收费就是按照用户进入网络后产生的实际数据比特流来进行计费。尤其是随着中国移动用户全面进入 4G 时代，并逐步向 5G 时代迈进，移动用户的手机流量使用会越来越多，如果流量资费不降低，将大大限制整个移动商业广告与服务的开展和运用。可喜的是，2018 年政府报告中提出，7 月 1 日开始取消流量“漫游费”，移动网络流量资费年内至少降低 30%，让群众和企业切实受益，这将极大地促进移动营销的发展。

(4) 用户忠诚度不高。事实上，消费者对数据业务的忠诚度偏低，比较容易转换兴趣。以彩铃为例，由于彩铃用户追求时尚和好奇心强的特点，其对于彩铃的兴趣也在不断发生变化。调查显示，彩铃用户的铃声更换频率主要集中在 15~30 日，占全部用户的 29.4%。铃声更换得频繁一方面为彩铃产业的发展提供了丰富的土壤，另外一方面也对彩铃内容提出了更高的要求，只有通过业务内容的不断创新才能对用户保持长久的吸引力。

（5）安全、隐私问题突出。在有线世界里，密码技术和合法认证书是电子商务增长的基础。而在无线世界里，由于牵涉到网络连接，且尚未建立合适的安全机制，这就不可避免地带来了许多安全、隐私问题。移动服务提供商可以更加详细地了解你的情况，当然这也有有利的一面，有利于手机媒体广告商实时动态地掌握手机用户的兴趣、爱好、性格、习惯、职业、工作阅历等资料，甚至移动定位系统的存在使得它能精确测出消费者所处的地理区域。但这样人们使用移动电话进行活动时，就很难保护自己的隐私。在移动运营商和广告代理商处心积虑地跟踪收集用户资料后，如何保证其隐私性是一个道德问题还是一个法律问题，这是必须要考虑的。

（6）营销内容不丰富。与固定互联网 HTML 格式丰富的内容相比，移动信息的内容制作非常欠缺，没有针对移动用户的特点开发有创新内容的应用，内容雷同，对手机用户缺乏吸引力，降低了手机用户上网接受商业信息的热情。尤其是随着移动网络和终端向 5G 迈入，这种技术手段强与专业内容弱之间的剪刀差越来越大，也限制了移动营销的普及和应用。

（7）价值链尚未有效形成。运营商和厂家之间一般存在着 SP、广告公司等多种中介，营销层次多，价值链长，利益分配复杂，不利于广告业务的快速扩张。同时，终端服务商、运营商、用户等与手机媒体相关联的产业链并不完善，手机广告运营商和移动运营商以及手机终端厂商并没有形成完善的利益分成模式。对于手机广告服务商来讲，不管是借助运营商的平台，还是圈定手机终端，在渠道上的优势都只能使公司获得暂时领先优势。手机广告如何定价？如何开发更多应用，提供更多个性化的服务？手机终端厂商如何协调各方利益统一标准？利润如何分成？这些都没有一个成熟的方案可以参考。

（8）消费者的认知不足。移动营销现在仍然是一种新的营销方式，消费者缺乏丰富的体验经历，所以消费者对移动营销的态度也是不稳定的，且极易发生改变，对通过手机传送的商业信息也存在一定程度的抵制。如果消费者具有相关的知识或经验，就会觉得应用的障碍不大，在心理上也比较容易接受。

4 移动营销绩效影响因素的实证研究

本部分在前文文献综述及移动营销发展概述的基础上，将技术因素、消费者创新性、个性化、许可、娱乐、易用性、有用性及意愿同时纳入到移动营销绩效的影响因素的研究当中，提出了本书的研究假设及理论模型，然后通过统计分析对假设模型进行检验，并提出相应结论。

4.1 研究假设及理论模型构建

本节将以相关理论为基础，根据研究目的，提出构建理论模型的思路，并依据相关学者的研究发现并推导出研究假设，进而整体性地构建本书的理论模型。

4.1.1 理论模型的构建思路

从文献综述可知，对移动营销绩效及效果的影响因素与测量因素之间关系的研究存在一定分歧，对于移动营销绩效的评价，并没有太多的直接相关文献，但研究消费者对移动营销的接受意愿的文献较多。近些年来，研究者对移动营销问题的研究逐步深化，也取得了一些研究成果。但是从文献回顾看，对移动营销绩效及消费者接受意愿领域的研究还不够深入、系统，不少实证研究结果的分歧也较大，尚需后面的研究者进一步验证补充和完善。本书认为在移动营销绩效的影响因素与测量因素研究方面，还需要对以下问题进行研究：

4.1.1.1 对已提出的移动营销绩效的影响因素需要进行验证性研究

除了 Scharl 等（2005）系统地研究了移动营销绩效的影响因素外，多数研究只是在相关文献中提到某些因素对移动营销的影响，并没有直接针对移动营销绩效的影响与测度问题进行研究。Scharl 等（2005）在其文章中虽然提出了一些影响移动营销绩效的因素，但并未通过实证研究验证其与移动营销绩效之间的关系，对其研究结论，还需要通过收集实际调查数据对其进行验证。

4.1.1.2 对移动营销绩效的测量维度的研究

对于营销绩效的测量，更多的研究是从财务指标（如净利润、销售利润率、投资回报率）和市场性指标（如销售增长率、市场占有率）等方面来测量，较少从消费者角度来进行测量，对于已有文献中所提到的用消费者满意、消费者意愿、消费者行为来测量移动营销的绩效，其有效性如何？尚需进一步研究。

4.1.1.3 对移动营销绩效的影响因素的补充性研究

本书认为，Scharl 等（2005）探讨了影响移动营销绩效的因素，但该研究主要局限于短信营销，对于其他营销方式的指引作用尚待斟酌。在移动营销、移动电子商务、移动广告领域，不少研究者提出了各自领域的影响因素，包括移动信息的个性化、易用性与有用性、消费者态度、消费者创新性、主观规范、消费者行为控制、消费者对新技术的信任等。这些因素是否也会对移动营销的绩效形成一定的影响？尚需在研究中提出假设并进行验证，并将验证后的影响因素补充到现有的研究结论中。

本书在 Scharl 等（2005）及前人研究的基础上，对移动营销绩效影响因素的研究做出如下改进：

（1）将消费者的行为意愿作为移动营销绩效的测量指标。由于企业的移动营销活动是否能取得好的效果，与消费者对这一新的营销方式的接受意愿直接相关，因此，从消费者意愿的角度来测量移动营销的绩效可能比从财务角度来评价更加合理。本书在 Scharl 等（2005）研究的基础上，将消费者注意与消费者行为从绩效的测量因素中排除掉。消费者注意其实可以看作是移动营销绩效的影响因素与测量因素的中介变量，但考虑到影响注意的因素也非常多，且本次研究的研究重点不在于此，为使模型简化，删除了此变量。另外，很多研究表明，消费者意愿对消费者行为具有显著性影响，本书的定量研究调查的是消费者的心理因素—行为意愿，要了解消费者意愿是否进一步影响到以后的消费者行为及以后的实际消费行为是怎样的，这需要对消费者进行跟踪调查。由于这些数据在本次研究中无法得到，因此也去掉了此变量，但可考虑将其作为后续研究。

（2）将有用性与易用性同时作为移动营销绩效的影响因素与测量因素之间的中介变量，但去掉了态度这一中介变量。在前人研究的基础上，本书的中介变量保留了有用性与易用性，且去掉了消费者态度。在研究消费者对技术创新的接受时，TAM2 模型在 TAM 模型研究的基础上就已经去掉了消费者态度这一变量，以使研究模型变得简化。同样，在本书中去掉该变量的目的也是如此。

（3）去掉了主观规范等社会影响因素。虽然很多研究表明主观规范对消费者意愿存在一定的影响，但研究分歧也是较大的，前人研究文献中的研究分歧不可能在本书中一一得到考虑和检验，为使模型简化，暂且不考虑此因素。

（4）从企业营销的角度，提出了个性化、许可及娱乐等影响因素。现有文献在分析个性化、许可、娱乐等因素时都比较零散，而且所提出的角度也是千差万别的。如对娱乐的研究，有的是从消费者对娱乐的感知角度提出，有的是从企业的角度提出。本书在分析移动营销绩效的影响因素时，集中从三个大的方面提出了各影响因素，即技术方面（技术因素）、消费者方面（消费者创新性）、营销方面（个性化、许可、娱乐）。

（5）增加了消费者创新性及其对易用性的影响。本书在 Scharl 等（2005）的基础上增加了消费者创新性这一因素，将其作为易用性的前因变量，并通过中国消费者样本对其进行验证。

以上这些改进是本书模型与其他研究移动营销绩效与效果的影响因素模型的不同之处。从这些改进可以看出，虽然模型涉及的变量较多，但整体上清晰地反映了各变量之间的关系：技术因素、消费者创新性与个性化是易用性的前因，它们除了对消费者意愿直接产生影响之外，还通过易用性及有用性对消费者意愿形成间接影响。个性化、许可、娱乐是有用性的前因，它们除了对消费者意愿有直接的影响之外，还通过有用性对消费者意愿形成一定的间接影响。易用性除了对消费者意愿形成直接影响之外，还通过有用性对消费者意愿形成一定的间接影响。

4.1.2 研究假设

4.1.2.1 技术因素与易用性、有用性及意愿的关系

在智能手机还没有完全普及的时候，人们手里持有的移动设备由于屏幕型号和显示都不一样，使得某些特定的字体和图片格式在一些设备上的视角呈现效果非常差，导致整体的界面设计给消费者感觉是非常不美观的，从而影响了消费者对移动营销的接受意愿。另外，由于技术上的限制，消费者需要用手机键盘输入信息，即使有的手机有手写功能，但由于手机识别的问题，从而使输入短信耗费时间。相反，由于电脑的键盘和屏幕均较大，因此通过网络注册更容易，因而消费者更愿意通过互联网来分享他们的兴趣、渴求的内容和信息偏好，而不是通过手机来分享（Scharl et al.，2005）。此外，相对于电脑屏幕，手机屏幕过小，人们在手机上浏览商品信息的体验不够理想，这也是制约消费者移动购物的主要因素（金婉怡等，2016）。在 Wi-Fi 技术还没普及和覆盖城市的情况下，手机网速非常慢，人们在进行移动购物的过程中还会产生大量的流量费用，增加了购物的额外成本，因此也有可能影响消费者对移动营销或移动购物的采纳意愿。然而，随着网络技术的迅速发展，

网络速度也开始越来越快，移动营销得到了快速发展以及移动购物开始兴起，消费者可以利用平时零碎的时间通过手机随时随地进行购物，明显地，移动网络技术的提高在方便消费者购物的同时也为消费者减少了时间成本。因此“随时随地性”成为移动购物最突出的优势，也成为影响消费者移动购物最大的促进因素，而这一切源于网络技术的不断完善和进步。所以技术影响到手机及手机服务的易用性，进而影响到消费者的接受意愿。

Sinisalo 和 Karjaluoto（2009）的研究与 Sugai（2007）的研究结果不同的是，认为移动电话功能对移动服务的使用有较强的影响。因此，移动电话功能可在一定程度上用来预测移动服务的使用率。此外，高端手机用户往往使用更多的移动服务，而且有趣的是，无论何种形式的营销信息，比起普通手机的用户，高端手机的用户接收意愿更强。手机功能越好，用户越渴望使用移动信息服务；手机功能越好，用户越愿意使用信息服务，如信息查询、有奖竞赛活动与电视节目的参与；手机功能越好，用户越愿意从营销者那里接收移动营销信息。同样，信息传递的速度过慢，如上网的衔接速度、浏览速度等也会对消费者接受移动营销的意愿产生影响。

沈璐等（2015）基于扎根理论对网络论坛进行了分析，对消费者在复杂型购买行为模式下的在线购买意愿进行了相关研究，研究结果发现，影响消费者网上复杂型购买意愿的因素有渠道、环境和消费者个人三大类。其中，环境因素包括网络制度、技术信赖和消费文化。目前，很大一部分消费者对互联网技术的知识和了解有限，他们无法从专业的技术角度去判定他们目前所处的网络情景下的网络技术性能，所以只能通过一些边缘线索和信息做出大致判断。随着越来越多的网上交易开展并获得成功，消费者对网络技术的能力、安全性越来越认可，甚至开始接受在网上购买一些高价值、高风险的大宗产品。由此可见，技术信赖有助于消费者形成网上复杂型购买的意愿。因此，技术因素对消费者的态度产生了一定的影响，技术因素的优势对消费者的线上购买意愿产生影响的同时，也应该影响消费者在购买意愿和行为发生之前的采纳意愿。移动营销是在线营销的其中一种方式，那么技术因素应该也影响着消费者对移动营销的采纳意愿。

Okazaki 和 Taylor（2008）的观点是，只有当一个国家的技术达到一定的程度，才能使足够多的消费者接受这些技术，并使得他们能被短信广告所触及。显然，在某些国家的技术要强于另外一些国家，一般由国际的经济发展水平所决定。如在欧洲、日本、美国的技术都较为发达，从而使这些国家的消费者使用移动营销的也要多一些。

从消费者的角度来看，4G 相对于 3G 的显著优势是其更快的连接速度。较高的连接速度使用户能够接收数字照片、流动视频图像和高品质的声音，从而使更多的消费者愿意使用手机来接受移动营销服务。从广告主的角度来看，这将为计划和执行各种更先进的移动营销活动提供了各种机会，并可以与现有的营销渠道很好地整合起来。

另外，在移动营销活动中所需要的位置感知对 GPS 技术也提出了较高的要求。Leppaniemi 等（2005）认为，消费者的手机设备技术影响了移动广告的接受意愿，而无线通信行业技术则在另外一个方面对其产生影响。发展技术如手机的智能技术、更快的连接速度、更精确的位置感知，使得移动营销不管是对企业还是消费者均具有相当大的吸引力。

综上所述，本书将易用性作为技术因素与意愿的中介变量，提出并将验证下列假设：

H1：技术因素对意愿有正向的显著影响。

H2：技术因素对易用性有正向的显著影响。

4.1.2.2 消费者创新性与易用性、有用性及意愿的关系

创新性反映的是消费者对新事物的接受倾向与态度。研究表明，高创新性的消费者往往也是积极追求新思想的信息追寻者。研究还开发出了测试创新性的量表，以测试创新性是如何影响移动营销的接受意愿的，但是此假设在最后却未获得支持。创新性强的消费者往往更愿意进行新的体验，并倾向于“建设性地使用所收到的信息”（Leavitt & Walton，1975）。Chang 等（2005）认为个人创新性指的是个体对新信息系统的使用倾向。根据创新扩

散理论（Rogers，1995），对新技术的采纳与试用和接受新产品的倾向性有关。有些人对几乎所有新生事物采用排斥和怀疑的态度，另外一些人则采取开放和乐于接受的态度（符国群，2001）。有关创新扩散的研究表明，创新性与消费者的采纳行为有关。在 Rogers 创新扩散理论研究的基础上，Agarwal 和 Prasad（1998）发现某些冒险行为往往发生在特定的消费者群体中而不是其他人。他们有能力处理高风险，并且往往对新事物的接受显得更积极（Rogers，1995）。一项研究表明，消费者的创新性可以很好地预测消费者对 IT 创新技术的使用（Yi et al.，2006）。创新性强的消费者显示出喜欢社交、好奇、有活力、喜欢冒险以及寻求刺激等特性。另外一项研究表明，创新性强的个体也往往是一些具有新思想的积极的信息搜寻者（Bhatti，2007）。

个体创新性对网上购物决策有着显著的影响（Blake et al.，2003；Crespo & Bosque，2008）。Citrin 等（2000）的研究发现个人创新性可以预测消费者对网络购物的采纳。随后，常亚平和朱东红（2007）的研究表明了消费者的创新性水平显著影响其网上购物意向。创新性水平越高的消费者，其网上购物意愿越强；而创新性水平越低的消费者越不容易产生网上购物意愿。另外，网上购物的有用性和方便性是消费者需要通过学习和真正了解新的商业模式才能体现出来的。在这一方面上，创新性消费者对新事物的学习能力相对于保守型消费者要强一些。相对于那些个性谨慎、推崇眼见为实的消费者，主张创新、喜欢尝试的消费者则会在复杂型网购中表现出更高的网购信任倾向和积极的态度（沈璐等，2015）。

在研究消费者的移动购物意愿这一领域时，一些学者的相关研究结果也表明了消费者创新的确会对其使用移动购物的意愿产生显著的正向影响（杨路明，李沁芸，2016；黄杰，2013）。有关移动营销的接受意愿的研究表明，大多数消费者对各种各样的移动服务并不是很了解，从而形成了不太清晰的认识。因而，研究者假设创新性对感知易用性有着显著的影响（Bhatti，2007），而这又反过来影响消费者对移动营销的接受意愿。因此，在移动营销这一新的领域内，创新性消费者可能对移动技术这一新技术的感知易用性较强，从而进一步强化消费者对移动营销的采纳意愿。Bhatti（2007）的研究考虑到移动服务也是相对较新的事物，因而可将创新性作为影响意愿的一个变量。考虑到广告在移动通信业的高投入及移动通信作为一种强势媒介的存在，创新性较强的消费者更有可能收到大量的移动信息（Peter & Olson，2002）。但在有关短信服务的消费者接受实证研究中，创新性对消费者意愿有显著影响的假设并未能获得支持（何德华，鲁耀斌，2009）。绝大多数消费者对各种各样的移动服务了解并不多，因此，创新性在移动技术服务的接受意愿上便扮演着一个非常重要的角色。Kim 等（2010）的研究表明，尽管移动服务较新，但在移动服务基础上发展起来的移动营销更新，因此有必要测量在移动通信环境下，创新性对消费者意愿的影响。此现象也表明，创新性的消费者对新事物的畏难情绪较弱，因而对新技术的感知易用性要强于落后采用者，而这又会影响其对移动营销的接受意愿，进而影响移动营销的绩效。

据此，本书将易用性作为消费者创新性与意愿的中介变量，提出并将验证下列假设：

H3：消费者创新性对易用性有正向的显著影响。

H4：消费者创新性对意愿有正向的显著影响。

4.1.2.3　个性化与易用性、有用性及意愿的关系

Leppaniemi 和 Karjaluoto（2005）的研究表明，个性化通常被认为是“通过建立有意义的一对一的关系来建立消费者忠诚；通过精确地理解在特定的情形下每个消费者的需求并帮助其来满足需求”（Riecken，2000）。个性化意味着理解不同类型的个人喜好、需要、思维方式和生活方式、文化以及地理上的差异，从而为客户提供相关的信息与服务。个性化不仅针对在不同环境下用户的目标，而且针对个性化本身。例如，如果人们的名字出现在直接促销上，如直接邮寄或移动广告，并不是每个人都感到高兴。手机已经配备了一个分析选项，如用户可以建立自己的个人资料或利用现有的情形。这些信息保存在个人档案中，因而可以在个性化的广告活动规划中得到利用，从而

为不同的受众提供一种新颖的方式（Leppaniemi et al.，2006）。举例来说，时间和地点感知作为个性化的变量使得移动广告作为一种营销媒介，相对于其他媒介来讲有着明显的优势，因为其他媒介无法实现个性化的优势。近几年来，移动互联网和商业定位技术得到了快速发展，促进了企业在开展移动营销活动的过程中会根据移动用户的地理环境变动信息来有针对性地开展沟通和促销活动（邹翔等，2016；崔楠等，2016）。但是，即使在地理位置维度上拥有了精准的信息，企业目前获取的消费者产品偏好维度信息依然有限（黄丽娟，夏筱萌，2015）。因此，无法实现向消费者提供真正意义上的个性化服务。移动广告信息如果要唤起消费者的购买意愿，可以通过以个体消费者购买历史、浏览行为等信息为基础，挖掘消费者信息并提取其特征，从而更加了解消费者的产品偏好，提供具有针对性的产品和服务去满足消费者的需求。Easton（2002）提供了一两个关于如何用无线渠道来吸引客户以充分利用时间的实例。如餐馆和电影院可以将移动广告传送给潜在客户以使座位得到充分利用。这种无线定位有其优点和缺点，因为信息接收者可以选择性地支配他们所收到的东西。毕竟，企业很容易传送一些破坏性的信息，而不是一些被认为有价值的东西。然而，尽管手机是一种可以提供个性化信息的优秀设备，但要提供个性化信息并不是一件很容易的事情（Riecken，2000）。因此，营销者在信息的个性化方面面临着巨大的问题。由于手机具备个人化、即时性、相互性等特征，他们被广告主看作是一种非常强大的通信设备（Koranteng，2001；Peters，2002）。因而，Leppaniemi 和 Karjaluoto（2005）提出假设，提供与时间、地点相关的个性化信息有助于提升消费者对移动广告的接受意愿，但他们并未对该关系用实证方法进行验证。

Scharl 等（2005）认为信息的个性化是影响移动营销成效的关键因素。营销者可以根据消费者的时间、地点和偏好来使信息个性化（Watson et al.，2008；Balasubramanian et al.，2002），如根据消费者需求，为其提供最近素食餐厅的指引信息。另外，企业提供移动营销信息或者组织移动营销活动时，应考虑消费者的时间。

Xu 等（2008）研究表明，与其他影响移动广告的因素相比，个性化是一个更重要的影响因素。这个因素可以更有效地将移动媒介与传统媒介相区分。个性化使得网上商城的访问者看到更多合适且具有吸引力的网络广告（Kim，2001），并且对从提升消费者对网站的态度（Chen & Wells，1999）到做出购买决策（Chakraborty，2003）都有积极的影响。尤其是，在研究者的实证研究中发现，消费者对移动广告的态度受到广告的个性化以及 Tsang（2004）与其他研究者提出的其他因素的影响（Xu et al.，2008）。

Rao 和 Minakakis（2003）提出了建立在消费者个人信息、历史状况及需要基础上的营销技巧的必要性。除了以消费者反馈信息为基础的个性化外，对消费者进行定位的能力使得消费者的特定情形可以被识别到，从而使得营销信息可以个性化，如广告活动可以随着位置、时间及与时间相关的项目如当地活动而调整。用户的人口统计变量影响着他们对广告的态度，包括性别、年龄、收入及受教育水平等（SBDC，2002），这些都被显示在 Brackett & Carr（2001）的模型当中，所以针对不同的人发送不同的信息更有效。

在移动消费过程中，消费者更加关注的是企业是否能提供足够好的用户体验以及是否能够满足用户的个性化需求等问题。因此，用户的消费体验越高，其进行移动购物的意愿越强烈（杨路明，李沁芸，2016）。另外，由于个性化信息更能满足消费者的需求，因而它们是有用的。消费者对与自己相关的信息与活动也往往更为熟悉，从某种程度上来讲，他们的感知易用性也要强些。

据此，本书将易用性与有用性作为个性化与意愿的中介变量，提出并将验证下列假设：

H5：个性化对易用性有正向的显著影响。

H6：个性化对意愿有正向的显著影响。

H7：个性化对有用性有正向的显著影响。

4.1.2.4 许可与易用性、有用性及意愿的关系

Dickinger 和 Haghirian（2004）的研究表明，一个简单的注册过程就可以

帮助企业获得许可。未经许可，用户可能会拒绝接收信息。许可是一个新的营销术语，但其实它是一个旧概念，该概念是随 E-mail 的产生而发展起来的（Godin & Peppers, 1999），不管是消费者还是企业均得益于许可营销。一方面营销者获得了真正对他们的信息感兴趣的受众，另一方面消费者也可收到更多相关的信息，而不是打扰（Petty, 2000）。许可营销的研究随着 E-mail 的应用而迅速增长，广告主在发送广告到消费者时必须获得许可。未经许可的信息通常称为垃圾邮件，往往使消费者恼怒，而且在一些国家，不管它是通过什么媒介发送（如电话、传真、电子邮件、手机等）的，都被认定为是非法的（Dickinger & Haghirian, 2004）。高频率的垃圾邮件阻碍了消费者的接受，这种情况在移动营销情况下会更加严重。15 位专家一致认同垃圾短信严重地影响了消费者对短信广告的态度。对不需要信息的恐惧及隐私的担忧也阻碍了消费者注册申请短信广告。因为与在网站上申请邮件地址不同的是，消费者改变他们的手机号码更加困难。

在借助 TRA 理论（Fishbein & Ajzen, 1975）的基础上，Tsang 等（2004）研究了与移动营销有关的态度、意愿及行为之间的关系。在他们的模型中，娱乐、信息、刺激及可信赖性形成了态度，而且许可对态度也有很重要的影响。他们的研究发现消费者对移动广告有着负面的态度，除非之前他们许可同意接收。这个研究是在中国台湾进行的，而且主要的被调查者均使用短信，尽管研究结果还不能确定在多大程度上它的调查对象曾接受过移动广告（Standing et al., 2005）。

在另外的研究中，许可被验证为对行为意愿有着重要的影响（Barnes & Scornavacca, 2004；何德华，鲁耀斌，2009）。Yang（2007）的研究表明，近年来，许多关于移动广告的研究都探讨了广告主（Marketing Week, 2001；Okazaki, 2005；Spurgeon, 2005）及消费者（Cadden, 2005；Leppaniemi & Karjaluoto, 2005；Tsang et al., 2004）对这一新的广告媒介的态度。与传统媒介上的广告不同的是，移动广告的效果取决于消费者是否许可接受和阅读移动广告信息（Leppaniemi & Karjaluoto, 2005；Tsang et al., 2004）。因而，消费者是否使用移动广告的决定便成为影响任何一个移动广告是否成功的关键因素。

DuFrene 等（2005）的研究表明，移动广告通常被认为是一种许可形式的营销，它使得企业只向那些自愿参与到移动广告活动中的消费者发送相关的、个性化的和定制的信息。如果向消费者强行发送一些用户不需要的信息，往往会起到适得其反的作用，也给移动营销带来负面影响（史永进，2017）。许可营销的主要原理在于向企业表明参与营销活动意愿的消费者对企业更忠诚，更感兴趣且更有可能给企业带来利润（Kent & Brandal，2003）。同样，许可接收移动营销广告的消费者会更加注意到广告（Tsang et al.，2004）。研究还发现，消费者对移动广告不是很欢迎（Cadden，2005），只有20%的手机用户认为愿意接收移动广告。因而，建立在许可基础上的广告需要创造出能吸引消费者且与消费者相关的信息，以便消费者能许可接收（DuFrene et al.，2005）。与网络广告一样，许多消费者认为移动广告是一种打扰，所以消费者会通过一些认知的、行为的和机械的途径来回避广告。因此，企业要想让消费者接受移动广告并参与移动营销活动，那么他们所发送的营销信息应该是消费者许可接收的信息，或者为消费者提供一些退订条件。而且，经过消费者许可的信息，消费者往往认为它是有用的，因为消费者对信息的许可接收是依据自己的需要而提出的。Scharl 等（2005）的研究也表明，许可控制会影响到有用性。

据此，本书将有用性作为许可与意愿的中介变量，提出并将验证下列假设：

H8：许可对意愿有正向的显著影响。

H9：许可对有用性有正向的显著影响。

4.1.2.5 娱乐与易用性、有用性及意愿的关系

Dickinger 和 Haghirian（2004）的研究表明，娱乐服务能提升顾客忠诚度并为顾客增加价值。一位移动营销专家认为大多数人具有玩的天性，通过移动信息提供游戏和奖赏可以产生较高的参与度。将游戏与奖赏发送到消费者

的手机上是一种吸引和维系客户的有趣途径。如德国的华纳兄弟电影世界邀请顾客以尽可能快的速度将特定信息发送给三位好友，并要求他们最后发回给华纳公司。最新完成该循环的五个团队将可以获得华纳电影世界娱乐公园的免费门票。西门子的调查和 Gartner 的研究发现，娱乐应用主要吸引年龄在 12~16 岁的年轻人。年轻人是移动信息的主要使用者，但他们往往不能意识到移动信息及语音邮件的成本。澳大利亚的通信法中心发现 1/4 的年轻人在支付他们的手机通信账单上有困难，而且通常会产生债务。企业在针对年轻人开展移动营销时必须考虑到这一伦理问题。

Tsang 等（2004）的研究发现，影响消费者对移动广告态度的因素包括移动广告的娱乐性、信息性、刺激性及可信赖性。由于移动广告与网络广告均可以看作是新媒体广告，因此早期有关移动广告的研究往往以网络广告的研究为基础（Yang，2007）。如 Ducoffe（1995）研究发现，刺激性、娱乐性、信息性影响着消费者对网络广告的态度。如果消费者认为移动广告是有趣的或者是有用的，他们更有可能接受或使用移动广告（Yang，2007）。Bruner 和 Kumar（2005）的研究发现，在移动环境下，感知有用性、娱乐与感知易用性对意愿产生显著影响（Bruner & Kumar，2005）。在关于移动邮件的研究中，五个关键因素被识别并包括：使人放心、社交性、即时到达、工具性、娱乐性等（Hoflich & Rossler，2001）。在此基础上，娱乐被认为对移动广告的接受意愿有着非常重要的影响，因为通过浏览手机，消费者可以获得娱乐和放松，并且可以发现许多展示在手机上的不同信息（Okazaki，2007）。购物并不应该仅仅具备功能性，还应该具备娱乐性。因为消费者购物并不单纯希望购买到产品，也希望在购物的过程中能够有更多的乐趣（刘振华，2017）。因此，企业在进行移动广告宣传时要突出移动营销的娱乐性，也有可能会引起消费者对移动营销的兴趣，进而影响用户的移动营销采纳和使用意愿。也有相关的研究表明，感知娱乐性正向显著影响着消费者移动网购的采纳意愿和推荐意愿（孙娇娇，孙永波，2017）。

有关研究还表明，消费者接受移动营销的前提是移动营销要对他们有用，这一结果可由使用—满意方式来解释（Bauer et al.，2005）。根据这一概念，消费者显然会选择那些能满足特定需求的媒介及其内容。消费者通常具有如下三种需要：①与增强信息、知识及理解相关的需要；②与增强审美、愉悦及情感体验相关的需要；③与增强和家庭、朋友、世界联系相关的需要。据此，研究者认为只有消费者在觉得移动营销能满足其信息、娱乐及社会接受需要时才会考虑到接受它（Bauer et al.，2005）。Bauer 等在此基础上提出了移动营销的娱乐性越高，消费者对移动营销的感知总效用越高的假设，并对其进行了验证（Bauer et al.，2005）。

现有的一些研究已经表明，娱乐对个体 IT 采纳行为具有重要作用（Davis et al.，1989；Venkatesh & Davis，2000；Yi & Hwang，2003；Heijden，2004）。以动机理论为基础，Davis 等（1992）发现娱乐对个人计算机使用意愿具有决定性的影响。同样，在有关网络服务的研究中，Heijden（2004）发现娱乐对个体的使用意愿具有直接的影响。

据此，本书将有用性作为娱乐与意愿的中介变量，提出并将验证下列假设：

H10：娱乐对意愿有正向的显著影响。

H11：娱乐对有用性有正向的显著影响。

4.1.2.6 易用性与有用性及意愿的关系

在文献研究中，有的研究者用易用性与有用性变量，有的研究者用感知易用性变量与感知有用性变量。为简略起见，本书的研究用易用性与有用性变量来表示绝大多数文献中所提到的感知易用性与感知有用性变量。感知易用性指的是人们认为使用特定系统所节省的精力（Davis，1989；Venkatesh et al.，2003）。感知有用性指的是人们认为使用某种特定系统可以提升其工作业绩的程度（Davis，1989）。

TAM 理论研究发现，感知有用性对意愿有着显著性影响，感知易用性对意愿也有着显著性影响，同时，感知易用性对感知有用性具有显著性影响。在 TAM_2 的研究中，保留了 TAM 中所提到的感知易用性对感知有用性有显著性影响的结论，也就是说技术系统使用起来越容易，则技术系统越能提升工作业绩。在过去的研究中发现，感知易用性对感知有用性有着直接的和间接的影响（Davis et al.，1989；Venkatesh，1999）。

Kuo 和 Yen（2009）的研究表明，许多信息管理方面的实证研究都用到了 TAM 理论，并且一般都支持 TAM 理论所提出的假设，如感知易用性对感知有用性有着显著影响（Adams et al.，1992；Davis et al.，1989；Heijden et al.，2003；Igbaria et al.，1997；Karahanna & Straub，1999；Liao et al.，2007；Lin & Lu，2000；Moon & Kim，2001；Taylor & Todd，1995），容易使用的 IT 技术比不容易使用的 IT 技术更可能带来好的业绩（Thong et al.，2006）。大量的研究表明，感知有用性对行为意愿有着积极的影响（Davis et al.，1989；Lin & Lu，2000；Moon & Kim，2001；Taylor & Todd，1995）。以 TAM 研究为基础的移动商务的研究也产生了同样的研究结论，如高的感知易用性会导致高的感知有用性（Bruner & Kumar，2005；Liao et al.，2007；刘遗志，刘煜，2015；Luarn & Lin，2005；Wu & Wang，2005）；感知有用性积极地影响着行为意愿（Luarn & Lin，2005；Wu & Wang，2005），如 Kleijnen 等（2007）对移动服务意图进行实证研究发现，感知有用性显著影响使用意图。Lu 和 Su（2009）也认为在移动商务领域，没有时间和空间限制地进行信息搜寻和购物是移动信息系统有用性的体现，对移动信息系统的感知有用性程度会显著影响消费者移动购物意向。Gimun 等（2007）对用户移动银行使用意图进行研究发现，感知有用性对意图具有显著正向影响，而且，正如在 TAM（Davis et al.，1989；Venkatesh & Davis，2000）中所提到的那样，在移动营销及移动商务领域，易用性既对行为意愿产生直接影响，也通过有用性对意愿产生着间接影响（Wu & Wang，2005）。如刘遗志和刘煜（2015）认为感知有用性对移动购物意愿具有显著的正向影响；信息技术系统越容易使用，对消费者也就越有用，消费者在线信息搜寻就越满意，移动购物意愿就越强烈。

据此，本书提出并将验证如下假设：

H12：易用性对意愿有正向的显著影响。

H13：有用性对意愿有正向的显著影响。

H14：易用性对有用性有正向的显著影响。

4.1.3 理论模型的构建

根据以上假设，本书将技术因素、消费者创新性、个性化、许可、娱乐、易用性、有用性、意愿同时纳入到研究模型之中，建立了一个新的移动营销绩效的影响因素模型，整体性地探讨各种影响因素与移动营销绩效之间的关系。模型中各个变量间的因果关系可通过图 4-1 来表示。

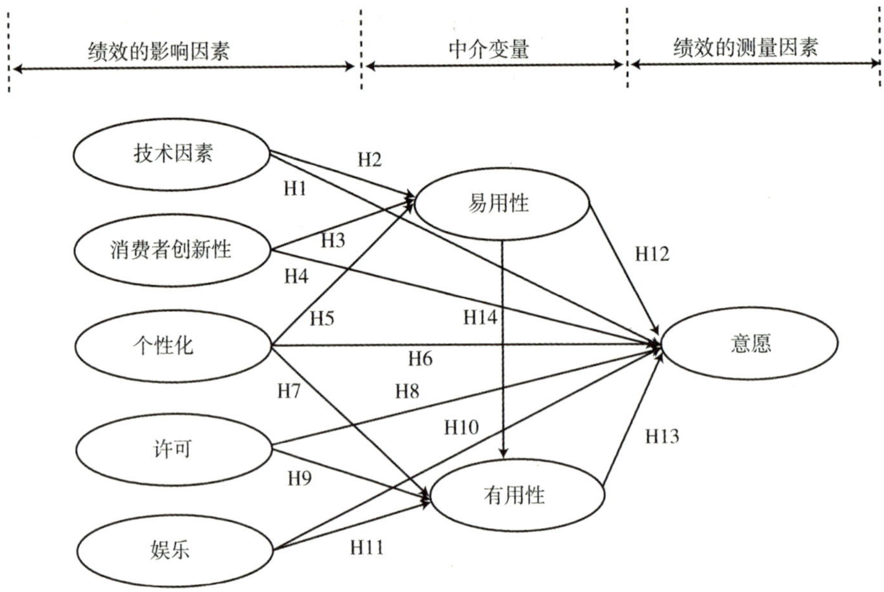

图 4-1 研究假设模型

由整个模型的因果关系可以看出：技术因素、消费者创新性、个性化成为易用性的前因，不但会直接影响意愿，还会通过易用性、有用性等中介变量间接影响到意愿；个性化、许可、娱乐作为有用性的前因，不但会直接影响到意愿，还会通过中介变量有用性间接地影响意愿；作为中介变量的易用性和有用性还会直接和间接地影响到意愿。

4.2 量表设计与预试

4.2.1 量表设计过程

移动营销研究在西方已有十多年的历史，现已开发出一些具有较高信度与效度水平的研究量表。本书为了确保所用量表的信度与效度水平，所借鉴的量表均为国外学者使用的量表，但由于这些参考量表几乎都是英文量表，为确保中国的受访者正确理解量表内容，本书根据中国的文化特征与语言习惯进行了适当的调整与改进，以形成符合中国文化特点的研究量表。为此，本书采用“双向翻译”的方法，首先将其翻译成中文，然后再将其翻译成英文，再通过语意对比和反复推敲，最后形成量表的初稿。

确定量表的初稿之后，笔者进行了量表的预试，以评估量表的语意表达及量表题项的准确性，量表的预试采取了两轮。第一轮请一些专家提意见，并对量表题项进行了较大幅度的调整与修改，包括数量的删减与语言的调整。第二轮在广东的一所高校随机抽取了70名学生进行量表的测试，回收62份，其中，12份为无效问卷，50份为有效问卷。然后对预试量表进行了信度与效度分析，并依据分析结果对量表进行了微调，至此形成了本书中正式采用的量表。

4.2.2 预试量表的内容

本书的变量主要包括技术因素、消费者创新性、个性化、许可、娱乐、易用性、有用性、意愿八项。这些量表所包括的具体内容如下。

4.2.2.1 技术因素

Kim等（2007）在研究移动网络的采用时所用的技术量表如下所示：

（1）使用移动互联网很容易；

（2）移动互联网能及时衔接；

（3）移动互联网反应所需时间很短；

（4）很容易登录移动互联网去做我需要做的事；

（5）移动互联网很稳定。

但本书的研究者在对上述量表进行信度和效度检验时，发现第四个题项的因素负荷量很低，低于0.4，因而将该题项排除在外。本书所用的研究量表除参考了Kim等（2007）的量表外，还参考了Lu等（2008）研究者的量表，最后结合本书样本的实际情况进行调整后所用的量表如下所示：

（1）我的手机上网很稳定；

（2）我的手机上网速度很快；

（3）我的手机屏幕大小适当；

（4）我的手机能及时准确地收到信息。

4.2.2.2　消费者创新性

研究人员一直努力开发测量手段以衡量消费者的创新性水平。度量消费者创新性的量表有很多，下面的题项是用于测量消费者创新性的一种量表。该量表从六个方面反映消费者的创新性倾向，每一倾向用5点“同意”量表来衡量（Goldsmith & Hofacker，1991）①。

（1）通常，当新的（摇滚音乐带）上市时，我是朋友圈中最后一个去购买的；**

（2）如果听说商店有新（摇滚音乐带）出售，我会很感兴趣并去购买；

（3）与我的朋友相比，我拥有的（摇滚音乐带）很少；**

（4）一般来说，在朋友圈中我是最后一个知道最新发行的（摇滚音乐带名）的；**

（5）即使是从未听说过的新（摇滚音乐带），遇上时我也会购买；

① 括号里的产品及其措词可以改变以适应研究的需要，**表示在这些陈述句上的得分越高，创新性越低，反之则越高。

（6）我比别人更早了解各种新（摇滚曲）的名称。

Kim 等（2010）在度量消费者的创新性时采用了如下量表（采用五级李克特量表）：

（1）我比其他人对新产品了解得更多；

（2）我是朋友圈中第一个去试用新产品的人；

（3）新产品让我兴奋。

Okazaki（2007）研究中所采用的李克特五级量表如下：

（1）我喜欢时尚；

（2）我通常希望尽快买到新产品；

（3）我总是努力寻求新的广告信息；

（4）当我想要买新东西时，我总是尽可能收集到更多的信息；

（5）我总是在需要的时候亲自获取新信息；

（6）我总喜欢收集有趣的信息并将一些新的东西推荐给我的朋友。

在对前人所开发量表的参考和调整的基础上，本书采用了如下量表：

（1）我喜欢购买新商品；

（2）我通常会努力获取新的信息；

（3）我总是努力关注市场上的最新技术；

（4）通常而言，我喜欢接受新的事物；

（5）通常我比我的朋友先尝试使用某种新产品。

4.2.2.3 个性化

Xu 等（2008）在研究个性化的移动广告应用时，所采用的研究量表为：

（1）我认为移动广告适合我；

（2）我认为个性化是移动广告的一个特征；

（3）移动广告的内容是个性化的。

除此之外，本书还参考了 Wu 和 Wang（2005）及 Schierz 等（2010）使用的量表，最后在本书中采用了如下量表：

（1）我收到的移动广告符合我的需要；

（2）我收到的移动广告与我所要购买的商品相关；

（3）我收到的移动广告与我的购买时间相关；

（4）我收到的移动广告与我的购买地点相关；

（5）我收到的移动广告与我的兴趣相关。

4.2.2.4 许可

不少研究者研究了许可对意愿的影响，但并没有开发出直接测试营销信息许可性的量表，不过研究者在研究消费者的许可控制时却用到了一些量表，这将成为本书的参考依据。如 Merisavo 等（2007）在研究消费者对移动广告接受的实证研究中，在测试消费者的许可控制时用到了如下量表：

（1）我只准备接收那些我提供许可的移动广告；

（2）对我来说，能控制是否许可接收移动广告很重要；

（3）对我来说能拒绝接收移动广告很重要；

（4）对我来说能根据我的需要过滤移动营销广告很重要。

在此基础上，本书从移动营销信息的许可性角度对该量表进行了调整与修改，得到如下量表：

（1）短信广告往往提供退订条件；

（2）彩信广告可以退订；

（3）我所收到的商业短信广告是我许可接收的。

4.2.2.5 娱乐

Bauer 等（2005）在研究移动营销的消费者接受问题时所采用的李克特七级量表如下所示：

（1）我发现手机上的广告信息令人兴奋；

（2）为我定制的广告信息令人愉悦；

（3）参与短信抽奖令人愉悦；

（4）我发现短信令人愉快。

后来，研究者在进行效度和信度检验时，删掉了上面的第三项。

Yang（2007）研究中所用的李克特五级量表如下：

（1）收到移动广告令人愉快；

（2）收到移动广告令人愉悦；

（3）收到移动广告令人高兴。

Okazaki（2007）研究中所用的李克特七级量表如下：

（1）移动广告使我愉快；

（2）我认为移动广告的内容是有趣的；

（3）我收到移动广告时感到兴奋。

除此之外，本书还参考了 Kim 等（2010）、Turel 等（2007）的研究量表，最后根据实际情况进行修改调整后的量表如下所示：

（1）我所收到的短信广告令人兴奋；

（2）我所收到的彩信广告令人愉快；

（3）我觉得手机游戏广告有趣；

（4）我觉得手机网站上的广告令人愉悦；

（5）我收到短信优惠券时感到高兴。

4.2.2.6 易用性

在 TAM 与 TAM_2 理论的研究中，研究者均表示感知易用性对消费者意愿具有显著性影响。在 TAM 的研究中，研究者用李克特七级量表来测量易用性，其量表为（Davis，1989）：

（1）学习使用 chart-master 对我来说很容易；

（2）我发现使用 chart-master 去做我想做的事很容易；

（3）我与 chart-master 的互动过程清楚而且可以理解；

（4）我发现与 chart-master 的互动方式很灵活；

（5）在使用 chart-master 上变得精通很容易；

（6）我发现 chart-master 对我来说很容易。

Kim 等（2010）研究中所用的量表如下：

（1）学习使用移动支付对我很容易；

（2）我使用移动支付的过程很清楚而且容易理解；

（3）对我来说，在移动支付方面变得精通很容易；

（4）我发现移动支付很容易使用；

（5）我发现与移动支付过程进行互动的方式很灵活。

在上述研究者量表的基础上，本书对之进行了调整与修改，最后在研究中使用的量表如下：

（1）移动营销活动很容易理解；

（2）移动营销活动很容易参与；

（3）学习如何使用短信优惠券很容易；

（4）我很容易在参与移动营销方面变得精通。

4.2.2.7 有用性

在TAM与TAM_2理论的研究中，研究者均表示有用性对消费者意愿具有显著性影响。在TAM的研究中，用李克特七级量表来测量感知有用性，其量表为（Davis，1989）：

（1）在工作中使用chart-master将使我更快地完成我的工作；

（2）使用chart-master可以提升我的工作业绩；

（3）在工作中使用chart-master可以提升我的工作效率；

（4）使用chart-master可以提升我的工作效果；

（5）使用chart-master可以使我的工作更容易；

（6）我发现chart-master对我的工作有用。

Kim等（2010）在研究中所用的量表如下：

（1）使用移动支付使我支付起来更快；

（2）使用移动支付使我更容易交易；

（3）我发现移动支付是一种有用的支付方式。

除此之外，本书还参考了多位研究者的研究量表，经过调整和修改最后确定本书的量表如下：

（1）移动营销可以为我省钱；

（2）移动营销可以为我节省购物时间；

（3）移动营销有助于提升购买决策的准确性；

（4）移动营销有助于提升我的购买效率；

（5）我收到的短信广告是有用的。

4.2.2.8　意愿

Okazaki（2007）在研究中所采用的李克特七级量表如下：

（1）如果我的手机收到有趣的促销信息，我会衔接到该手机网站获取更详细的信息；

（2）如果在我的手机上看到有趣的活动，我会衔接到该网站去申请参与。

Kim 等（2010）在研究中所用的量表如下：

（1）我现在用手机进行支付；

（2）假定我能有机会使用移动支付，我就会使用它；

（3）在以后的 6 个月内，我打算用手机进行支付；

（4）从现在起 5 年内，我打算用手机进行支付。

Yang（2007）研究中所用的李克特五级量表如下：

（1）总之，我喜欢移动广告；

（2）我打算接收移动广告。

在多位研究者研究量表的基础上，本书经过修改调整最后确定的量表如下：

（1）我愿意接收移动广告信息；

（2）我将阅读所有我收到的移动广告信息；

（3）我使用移动营销服务的意愿很高；

（4）如果手机收到有趣的促销信息，我会衔接到该手机网站获取更详细的信息；

（5）我以后会登录企业手机网站查阅商品信息。

4.2.3　预试量表调研及分析过程

为了检验调研问卷的信度和效度，本书先进行了预调研，接下来将简要阐述预调研过程，并对预调研数据进行分析，检验预调研量表的信度和效度，在此基础上对调研问卷进行调整，最终形成正式调查问卷。

4.2.3.1 预调研的实施

本书选择在校大学生作为实证对象，选择大学生作为调查的样本基于如下原因（Soroa-Koury & Yang，2010）：大学生在许多移动营销的研究中作为实证调查的对象，因为参与者的年龄绝大部分介于20~28岁，这是移动营销的主要目标群体（Carroll et al.，2007），调查对象主要是各年级的大学生，也有部分研究生。

Yang（2005）在研究新加坡移动商务的影响因素时，选择了866名高校大学生作为研究样本，他认为由于大学生具有较高的教育水平及较高的收入潜力，从而使他们成为移动商务使用的主要市场，而且大学生更愿意接受新的ICT技术（Lightner et al.，2002；Pijpers et al.，2001）。在Davis（1989）、Mathieson（1991）、Taylor和Todd（1995）有关技术接受理论的研究中，所使用的样本均为大学生（Venkatesh et al.，2003）。

所以参考前人的研究，本书选择的调查样本也主要是全国各地高校的大学生。本书选择了广东一所高校随机抽取了70名学生进行量表的预试，回收62份，回收率为88.57%；其中，12份为无效问卷，50份为有效问卷，问卷有效率为80.65%。

4.2.3.2 预试量表的信度与效度分析

回收问卷后需要对预试量表进行信度与效度分析，由于有时当信度检验删除题项后又得重新进行探索性因素分析，所以本书在进行预试时参考了吴明隆（2010a）对预试问卷的分析过程，先对量表进行探索性因素分析，之后再进行量表的信度检验，以简化预试数据分析过程。其中，进行效度分析时主要采用探索性因素分析法中的主成分分析法与直交转轴最大变异法，整理后的分析结果如表4-1所示。

表 4-1 探索性因素分析结果

变量及题项	最大变异法直交转轴—主成分分析之结构矩阵	共同性	特征值	解释变异量（%）	累计解释变异量（%）	KMO值
技术因素			2.744	68.607	68.607	0.693
TECH2：我的手机上网速度很快	0.896	0.803				
TECH1：我的手机上网很稳定	0.870	0.756				
TECH3：我的手机屏幕大小适当	0.812	0.659				
TECH4：我的手机能及时准确地收到信息	0.725	0.525				
消费者创新性			2.902	58.039	58.039	0.750
IN5：通常我比我的朋友先尝试使用某种新产品	0.890	0.792				
IN1：我喜欢购买新商品	0.764	0.584				
IN4：通常而言，我喜欢接受新的事物	0.757	0.573				
IN3：我总是努力关注市场上的最新技术	0.741	0.549				
IN2：我通常会努力获取新的信息	0.635	0.403				
个性化			3.539	70.779	70.779	0.779
PERS2：我收到的移动广告与我所要购买的商品相关	0.896	0.803				
PERS5：我收到的移动广告与我的兴趣相关	0.858	0.737				
PERS3：我收到的移动广告与我的购买时间相关	0.836	0.699				
PERS4：我收到的移动广告与我的购买地点相关	0.808	0.653				
PERS1：我收到的移动广告符合我的需要	0.805	0.648				
许可			1.894	63.141	63.141	0.653

续表

变量及题项	最大变异法直交转轴—主成分分析之结构矩阵	共同性	特征值	解释变异量（%）	累计解释变异量（%）	KMO值
PERM2：彩信广告可以退订	0.829	0.687				
PERM3：我收到的商业短信广告是我许可接收的	0.825	0.680				
PERM1：短信广告往往提供退订条件	0.726	0.527				
娱乐第一次探索			3.189	63.787	63.787	0.792
ENJ1：我所收到的短信广告令人兴奋	0.921	0.849				
ENJ2：我所收到的彩信广告令人愉快	0.914	0.835				
ENJ3：我觉得手机游戏广告有趣	0.862	0.744				
ENJ4：我觉得手机网站上的广告令人愉悦	0.823	0.678				
ENJ5：我收到短信优惠券时感到高兴	0.288	0.083				
娱乐第二次探索			3.131	78.274	78.274	0.795
ENJ1：我所收到的短信广告令人兴奋	0.932	0.868				
ENJ2：我所收到的彩信广告令人愉快	0.925	0.856				
ENJ3：我觉得手机游戏广告有趣	0.858	0.736				
ENJ4：我觉得手机网站上的广告令人愉悦	0.819	0.670				
易用性			2.110	52.762	52.762	0.618

续表

变量及题项	最大变异法直交转轴—主成分分析之结构矩阵	共同性	特征值	解释变异量（%）	累计解释变异量（%）	KMO值
PEOU2：移动营销活动很容易参与	0.814	0.662				
PEOU3：学习如何使用短信优惠券很容易	0.753	0.567				
PEOU1：移动营销活动很容易理解	0.673	0.453				
PEOU4：我很容易在参与移动营销方面变得精通	0.655	0.429				
有用性			3.716	74.315	74.315	0.867
PU3：移动营销有助于提升购买决策的准确性	0.904	0.817				
PU5：我收到的短信广告是有用的	0.877	0.770				
PU4：移动营销有助于提升我的购买效率	0.851	0.724				
PU1：移动营销可以为我省钱	0.847	0.718				
PU2：移动营销可以为我节省购物时间	0.829	0.687				
意愿第一次探索			2.828	56.551	56.551	0.776
BI3：我使用移动营销服务的意愿很高	0.904	0.817				
BI1：我愿意接收移动广告信息	0.864	0.747				
BI2：我将阅读所有我收到的移动广告信息	0.832	0.693				
BI5：我以后会登录企业手机网站查阅商品信息	0.605	0.366				
BI4：如果手机收到有趣的促销信息，我会衔接到该手机网站并获取更详细的信息	0.453	0.205				
意愿第二次探索			2.685	67.119	67.119	0.775

续表

变量及题项	最大变异法直交转轴—主成分分析之结构矩阵	共同性	特征值	解释变异量（%）	累计解释变异量（%）	KMO值
BI3：我使用移动营销服务的意愿很高	0.905	0.819				
BI1：我愿意接收移动广告信息	0.888	0.788				
BI2：我将阅读所有我收到的移动广告信息	0.841	0.707				
BI5：我以后会登录企业手机网站查阅商品信息	0.609	0.371				

根据表4-1显示，各变量的KMO值在0.5以上，适合用因子分析，表明概率小于显著性水平0.05，拒绝零假设，认为相关系数矩阵与单位矩阵有显著差异，不是单位矩阵，可提取因子。在不限定因素数目的情况下，各变量均顺利萃取了一个共同因素。由于只萃取了一个共同因素，因而不用进行转轴程序，输出结果不会呈现“转轴后的成分矩阵”。从表4-1显示的结构矩阵中可以得知，除ENJ5外，各变量题项的因素负荷量均大于0.4，这表示萃取的共同因素可以有效地反映各题项指标。共同因素分别命名为技术因素、消费者创新性、个性化、许可、娱乐、易用性、有用性、意愿。其中意愿变量在第一次探索性因素分析中已符合要求，但由于在信度检验时BI4不符合要求（见表4-2），故删掉BI4题项，进行了第二次探索性因素分析，而剔除阴影部分后的量表具有较高效度水平。

在对量表进行信度检验时，主要采用了Cronbach's α系数来进行检验，各量表的检验结果如表4-2所示。

表 4-2　信度检验结果

变量及题项	分项对总项的相关系数	删除该题项后的 α 系数	Cronbach's α
技术因素			0.846
TECH1：我的手机上网很稳定	0.738	0.780	
TECH2：我的手机上网速度很快	0.788	0.757	
TECH3：我的手机屏幕大小适当	0.661	0.816	
TECH4：我的手机能及时准确地收到信息	0.561	0.853	
消费者创新性			0.816
IN1：我喜欢购买新商品	0.613	0.780	
IN2：我通常会努力获取新的信息	0.477	0.816	
IN3：我总是努力关注市场上的最新技术	0.587	0.786	
IN4：通常而言，我喜欢接受新的事物	0.596	0.785	
IN5：通常我比我的朋友先尝试使用某种新产品	0.780	0.722	
个性化			0.896
PERS1：我收到的移动广告符合我的需要	0.696	0.883	
PERS2：我收到的移动广告与我所要购买的商品相关	0.817	0.855	
PERS3：我收到的移动广告与我的购买时间相关	0.740	0.873	
PERS4：我收到的移动广告与我的购买地点相关	0.703	0.882	
PERS5：我收到的移动广告与我的兴趣相关	0.767	0.868	
许可			0.703
PERM1：短信广告往往提供退订条件	0.445	0.702	
PERM2：彩信广告可以退订	0.572	0.558	
PERM3：我收到的商业短信广告是我许可接收的	0.556	0.566	
娱乐			0.907
ENJ1：我所收到的短信广告令人兴奋	0.869	0.851	
ENJ2：我所收到的彩信广告令人愉快	0.855	0.856	
ENJ3：我觉得手机游戏广告有趣	0.751	0.894	
ENJ4：我觉得手机网站上的广告令人愉悦	0.697	0.911	
易用性			0.698
PEOU1：移动营销活动很容易理解	0.430	0.666	
PEOU2：移动营销活动很容易参与	0.584	0.565	

续表

变量及题项	分项对总项的相关系数	删除该题项后的 α 系数	Cronbach's α
PEOU3：学习如何使用短信优惠券很容易	0.509	0.618	
PEOU4：我很容易在参与移动营销方面变得精通	0.413	0.677	
有用性			0.913
PU1：移动营销可以为我省钱	0.759	0.898	
PU2：移动营销可以为我节省购物时间	0.735	0.903	
PU3：移动营销有助于提升购买决策的准确性	0.840	0.880	
PU4：移动营销有助于提升我的购买效率	0.762	0.897	
PU5：我收到的短信广告是有用的	0.800	0.890	
意愿			0.798
BI1：我愿意接收移动广告信息	0.708	0.716	
BI2：我将阅读所有我收到的移动广告信息	0.675	0.726	
BI3：我使用移动营销服务的意愿很高	0.786	0.688	
BI4：如果手机收到有趣的促销信息，我会衔接到该手机网站并获取更详细的信息	0.312	0.832	
BI5：我以后会登录企业手机网站查阅商品信息	0.438	0.800	

注：萃取方法：主要采用主成分分析法。

根据信度检验结果，删除 TECH4 题项后的 α 系数为 0.853，略高于技术因素的 Cronbach's α 系数，但由于增加不明显，暂且不考虑删除该题项。但 BI4 题项删除后的 α 系数（0.832）要明显高于意愿的 Cronbach's α 系数，故删除 BI4，并且删除后在对意愿进行第二次探索性因素分析时指标符合要求（见表 4-1）。除了易用性的 Cronbach's α 为 0.698，略小于 0.7 外，删除 BI4 后所有量表的 Cronbach's α 均大于 0.7，表明量表的信度较好。

最后确定的假设模型所用的测量指标体系如表 4-2 所示，不包括阴影部分的测量题项。在之后的正式调查中，将采用该测量指标体系。

4.3 正式调研实施过程及正式问卷的数据分析方法

4.3.1 正式调研实施过程

4.3.1.1 抽样对象与方法

样本随机抽取了湖南、湖北、广东、内蒙古、河北、浙江六省区的高校大学生作为调查对象。调查对象采取自愿参与的方式，在调查之前，由调查者对调查对象做出了一定的解释和说明，以保证问卷填写的真实性和有效性。

4.3.1.2 样本规模的确定

在使用结构方程模型理论估计和解释变量时，样本规模对最终结果有一定的影响。因为容量少于 100 的样本，所产生的相关矩阵不够稳定，也会使结构方程分析结果的信度降低。

一般说来，有四种因素影响样本规模：一是模型允许误差的大小。允许误差越小，需要的样本量就越大。二是数据是否为正态分布。数据偏离正态分布越大，需要的样本量就越多。三是模型中待估计参数的多少。待估计参数越多，所需要的样本量就越大。四是进行模型估计时所选用的数学方法。使用极大似然估计法进行估计时，需要的样本规模最小为 200 个（Hair et al.，1998）。针对样本量大小，Boomsma（1985）指出，不论是模型有恰当解的概率，还是参数估计的精确性，还是 χ^2 统计量的分布，其研究结果都显示样本量越大越好。他建议样本规模最小应大于 100，但大于 200 则更好。Nunnally（1967）提出的建议是：被试人数是变量的 10 倍。若有 20 个题目，则被试人数最少为 200 人。Kline（1998）研究发现，在 SEM 模型分析中，若是样本数低于 100 个，则参数估计结果是不可靠的。Rigdon（2005）认为 SEM 模型分析，样本数至少应在 150 个以上，若是样本数在 150 个以下，模型估计是不稳定的，除非变量间方差矩阵系数非常理想。他认为观察变量数若是超过 10 个以上，而样本大小低于 200 时，代表模型参数估计是不稳定的，且模型的统计检验率会很低。Mueller（1997）认为单纯的 SEM 分析，其样本大小标准至少在 100 以上，200 以上更佳，如果从模型观察变量数来分析样本人数，则样本数与观察变量数的比例至少为 10：1～15：1（Thompson，2000）。本书中量表共有变量 8 个，问题项 34 个，综合考虑各种观点，本书将样本量合适规模确定为 340 个。

4.3.1.3 调研的具体实施与监控

第一，调研员的选拔和培训。调研员的素质和工作质量将直接影响调查数据的可靠性和准确性，因此，本书对调研员进行了严格而慎重的选拔。这些调研者都有管理学、市场营销学及市场调查的学科背景，而且对自己负责区域内大学生的学习与生活状况比较了解，以保证调研的质量及回收率。

第二，调查问卷发放与组织填写。问卷的发放主要采取部分纸质问卷发放、部分电子的方式。在调研过程中，对于纸质问卷，笔者要求调研员尽量让大学生在现场填答问卷。如有疑问或不理解的地方，调研员应随时、适当地给予解释，但调研员不能表示自己的观点，不能影响受访人的判断。并且要求调研员要对填写的问卷当场检查，发现问题当场纠正。检查的项目包括：是否有漏项忘记填写、是否有单选题填写了两个以上的答案等。如果出现以上情况，调研员应及时提醒受访人进行补充或修改，以确保填答的问卷是认真负责而又有效的。电子问卷的填答相对于纸质问卷的填答要困难一些，但回收比较方便。调研时间段为期 2 个月。

第三，调查监控措施。在调查过程中，项目组时刻与调查实施人员保持电话联系，及时了解调查进度以及调查中遇到的实际问题，必要时做进一步的面谈释疑。

第四，问卷的回收。本次调研发出问卷 800 份，回收问卷 401 份，问卷回收率为 50.12%；其中，无效问卷 60 份，有效 341 份，有效率为 85.04%。这些无效问卷之所以被排除在外，主要是因为题项的缺失，单选题填成多选，对所有问题做出同样反应及问卷填答不完整等。

4.3.2 正式问卷的数据分析方法

本书在实证过程中对正式调查数据进行分析时，根据研究目的和检验假设的需要，将运用 SPSS 软件和 AMOS 软件对调查数据进行分析，采用的分析方法主要有以下几种。

4.3.2.1 描述性统计分析

本书的描述性统计分析主要包括：①频数分析。用来分析样本的分布结构。②计算变量的平均数和标准差。用它来描述技术因素、消费者创新性、个性化、许可、娱乐、有用性、易用性、意愿等变量，以了解消费者在这些变量上的一般水平。

4.3.2.2 信度分析

信度分析主要是检验所确定的量表在度量相关变量时是否具有稳定性和一致性。具体来说，是检验量表内部各题项之间相符合的程度，以及两次度量的结果前后是否具有一致性。常用的检验信度指标有三个：稳定性（Stability）、等值性（Equivalence）和内部一致性（Internal Consistency）。本书采用内部一致性这一指标对量表的信度进行检验。内部一致性的估计方法有很多，常以 Cronbach's α 系数来估计。α 越大，表示该变量的各题项的相关性越大，即内部一致性程度越高。一般来说，Cronbach's α 大于 0.7 为高信度，低于 0.35 为低信度（Cuieford，1965），0.5 为最低可以接受的信度水平（Nunnally，1978）。

4.3.2.3 效度分析

效度主要包括内容效度和构念效度两种，它们的含义与检验方法如下：

（1）内容效度。内容效度主要是用来反映量表内容切合主题的程度。检验的方法主要采用专家判断法，请相关专家和专业人士就题项的恰当性进行评价。

（2）构念效度。构念效度主要是用来检验量表是否可以真正度量出所要度量的变量。主要分为会聚效度（Convergent Validity）和区分效度（Discriminate Validity）两种。一般采用验证性因子分析来分别检验这两种效度：①会聚效度。即检验各个指标与所度量构念的因子载荷 Estimate 值是否显著，即要求 $p<0.05$，也就是 C. R. 值的绝对值要大于 1.96。②区分效度。即检验因素构念之间的区别性。从现有文献来看，有三种方法来检验区分效度：一是计算相关构念的相关系数，若该相关系数值的 95%置信区间不包含 1，则可以认为两个构念之间具有区分效度（Anderson，1987）；二是将两个构念之间的相关系数设定为 1，计算模型的 χ^2 值，然后，计算两个构念之间的相关系数不设定时模型的 χ^2 值，两者之间的差额达到显著时，表示两个构念之间可以区分（Anderson and Gerbing，1988）；三是计算每个构念的平均变异抽取量（average variances extracted）和与其他构念的相关系数，当一个构念的平均变异抽取量大于该构念与其他构念的相关系数时，表示这两个构念之间具有区分效度（Fornell，1996）。如图 4-1 所示，本书的理论模型中不存在多构念的情况，因此只需检验会聚效度，不需检验区分效度。

4.3.2.4 结构方程模型分析

结构方程模型是一种多元统计建模分析方法，主要用来分析潜在变量之间的线性关系，对它们之间的因果关系进行检验。本书应用它来检验模型中各个潜在变量之间的关系。

本书运用结构方程模型的分析软件 AMOS 17.0，采用最大似然法（ML）对模型参数进行估计，并从基本拟合标准（Preliminary Fit Criteria）、整体模型拟合度（Overall Model Fit）和模型内在结构拟合度（Fit of Internal Structure of Model）三方面对模型的拟合度进行评价（Bagozzi & Yi，1988）。具体评价标准如下：

（1）基本拟合标准。该标准是用来检验模型的误差和是否存在误输入等问题。其主要包括以下四项：

其一，不能有负的测量误差；

其二，测量误差必须达到显著性水平；

其三，因子载荷必须介于0.5~0.95；

其四，不能有很大的标准误差。

（2）整体模型拟合度。该标准用来评价模型与数据的拟合程度。一般分为以下三类指标（Hair et al.，1998）：

绝对拟合度指标（Absolute Fit Measures）：用来确定模型可以预测协方差阵和相关矩阵的程度。主要包括卡方值（χ^2）、拟合度指标（GFI）、平均残差平方根（SRMR）、平均近似值误差平方根（RMSEA）等四个指标。

简约拟合度指标（Parsimonious Fit Measures）：用来评价模型的简约程度。主要包括两个指标，即简约基准拟合指标（PNFI）和简约拟合指标（PGFI）。

增值拟合度指标（Incremental Fit Measures）：用来比较理论模型与虚无模型之间的适配程度。主要包括规范拟合指标（NFI）、不规范拟合指标（NNFI）和比较拟合指标（CFI）三个指标。

这三类指标的评价标准如表4-3所示。

表4-3　整体模型拟合度的评价标准

指标	绝对拟合度指标					简约拟合度指标		增值拟合度指标		
评价标准	RMR	χ^2/df	GFI	AGFI	RMSEA	PNFI	PGFI	NFI	RFI	CFI
	<0.05	<3	>0.9	>0.9	<0.08	>0.5	>0.5	>0.9	>0.9	>0.9

（3）模型的内在结构拟合度。该指标用来评价模型内估计参数的显著程度、各指标及潜在变量的信度等。主要包括两种指标：一是潜在变量的组成信度（Composite Reliability），0.7以上表明组成信度较好。二是平均变异抽取量（Average Variance Extracted），0.5以上为可以接受的水平。本书将采用SPSS软件及AMOS软件，先对研究变量进行信度分析和验证性因子分析，然后再进行潜变量的路径分析。

4.4 正式问卷数据分析

本部分对正式调查所获得的数据，首先用 SPSS 中 Cronbach's α 系数和 AMOS 验证性因子分析对研究中采用的量表进行信度和效度分析，以明确是否可以利用这些调查数据进行后续的数据分析；接着对样本进行描述性统计分析；最后利用结构方程模型分析方法对所构建的模型进行分析，并对研究模型做出必要的修正，然后对研究结果进行了讨论。

4.4.1 正式量表的信度与效度检验

量表的信度和效度水平的高低直接影响着后续数据分析的结果。尽管本书采用的量表主要是在专家咨询基础上根据相关文献中已有的量表修改而成，已经具有了很高的效度，但由于本书对所借鉴的量表修改幅度很大，因此有必要对本书中正式量表的信度和效度进行检验。

4.4.1.1 技术因素量表

（1）信度检验。技术因素量表的 Cronbach's α 系数如表 4-4 所示，Cronbach's α 值为 0.910，高于 0.7 这一可接受水平，且所有分项对总项的相关系数都在 0.4 以上（最低为 0.740），删除任何题项后的 α 系数也无显著提高。

技术因素的组合信度和平均变异抽取量如表 4-5 所示。可以看出，技术因素的组合信度在 0.7 以上，平均变异抽取量也在 0.5 以上。①

综合以上指标来看，技术因素量表的内部一致性较高，信度较好。

① 组合信度和平均变异抽取量都是通过一阶验证性因子分析得出的因子载荷计算而来的，因此这两个指标就与技术因素的一阶验证性因子分析的结果列于同一表中。

表 4-4 技术因素量表的信度分析

题项	分项对总项的相关系数	删除该题项后的 α 系数	Cronbach's α
技术因素			0.910
TECH1：我的手机上网很稳定	0.740	0.904	
TECH2：我的手机上网速度很快	0.852	0.864	
TECH3：我的手机屏幕大小适当	0.784	0.888	
TECH4：我的手机能及时准确地收到信息	0.817	0.878	

（2）效度检验。技术因素量表的一阶验证性因子分析结果如表 4-5 所示。在模型的拟合度指标中，CMIN/DF = 0.342<2；P = 0.558>0.05；GFI = 0.999 和 AGFI = 0.995，超过 0.9；RMSEA = 0<0.05。这说明技术因素量表一阶因子模型的拟合度较好。

表 4-5 中各题项的因素负荷量都在 0.71 以上（最低为 0.715），且 C. R. 值的绝对值都大于 1.96，表示参数估计值都达到显著性水平，这表示包含四个题项的技术因素量表具有较强的会聚效度，该量表的结构效度较好。

表 4-5 技术因素一阶验证性因素分析

变量	因素负荷量	临界比 C. R. 值	信度系数 R^2	测量误差 $1-R^2$	组合信度	平均变异抽取量
技术因素					0.903	0.700
TECH1	0.715[b]	—	0.511	0.489		
TECH2	0.849***	18.994	0.720	0.280		
TECH3	0.867***	14.955	0.752	0.248		
TECH4	0.904***	15.300	0.817	0.183		
CMIN = 0.342　DF = 1　CMIN/DF = 0.342　P = 0.558　GFI = 0.999　AGFI = 0.995　RMSEA = 0						

注：a 因子负荷量为标准化值；b 设为固定值；***表示 p<0.001。

4.4.1.2 消费者创新性量表

（1）信度检验。消费者创新性量表的 Cronbach's α 系数如表 4-6 所示，

Cronbach's α 值为 0.935，高于 0.7 这一可接受水平，且所有分项对总项的相关系数都在 0.4 以上（最低为 0.776），删除任何题项后的 α 系数也无显著提高。

表 4-6 消费者创新性量表的信度分析

题项	分项对总项的相关系数	删除该题项后的 α 系数	Cronbach's α
消费者创新性			0.935
IN1：我喜欢购买新商品	0.813	0.922	
IN2：我通常会努力获取新的信息	0.776	0.929	
IN3：我总是努力关注市场上的最新技术	0.891	0.907	
IN4：通常而言，我喜欢接受新的事物	0.837	0.918	
IN5：通常我比我的朋友先尝试使用某种新产品	0.814	0.922	

消费者创新性的组合信度和平均变异抽取量如表 4-7 所示。可以看出，消费者创新性的组合信度在 0.7 以上，平均变异抽取量也在 0.5 以上。

综合以上指标来看，消费者创新性量表的内部一致性较高，且信度较好。

（2）效度检验。消费者创新性量表的一阶验证性因子分析结果如表 4-7 所示。在模型的拟合度指标中，CMIN/DF = 1.526<2；P = 0.192>0.05；GFI = 0.993 和 AGFI = 0.974，超过 0.9；RMSEA = 0.039<0.05。这说明消费者创新性量表一阶因子模型的拟合度较好。

表 4-7 中各题项的因素负荷量都在 0.71 以上（最低为 0.787），且 C.R. 值的绝对值都大于 1.96，表示参数估计值都达到显著性水平，这表示包含五个题项的消费者创新性量表具有较强的会聚效度，该量表的结构效度较好。

表 4-7 消费者创新性一阶验证性因素分析

变量	因素负荷量	临界比 C.R. 值	信度系数 R^2	测量误差 $1-R^2$	组合信度	平均变异抽取量
消费者创新性					0.934	0.738

续表

变量	因素负荷量	临界比 C. R. 值	信度系数 R^2	测量误差 $1-R^2$	组合信度	平均变异抽取量
IN1	0. 827b	—	0. 683	0. 317		
IN2	0. 787***	19. 078	0. 620	0. 380		
IN3	0. 942***	22. 544	0. 888	0. 112		
IN4	0. 876***	20. 178	0. 767	0. 233		
IN5	0. 856***	19. 456	0. 733	0. 267		
CMIN=6. 103 DF=4 CMIN/DF=1. 526 P=0. 192 GFI=0. 993 AGFI=0. 974 RMSEA=0. 039						

注：a 因子负荷量为标准化值；b 设为固定值；***表示 $p<0.001$。

4. 4. 1. 3 个性化量表

（1）信度检验。个性化量表的 Cronbach's α 系数如表 4-8 所示，Cronbach's α 值为 0. 959，高于 0. 7 这一可接受水平，且所有分项对总项的相关系数都在 0. 4 以上（最低为 0. 859），删除任何题项后的 α 系数也无显著提高。

个性化的组合信度和平均变异抽取量如表 4-9 所示。可以看出，个性化的组合信度在 0. 7 以上，平均变异抽取量也在 0. 5 以上。

综合以上指标来看，个性化量表的内部一致性较高，信度较好。

表 4-8 个性化量表的信度分析

题项	分项对总项的相关系数	删除该题项后的 α 系数	Cronbach's α
个性化			0. 959
PERS1：我收到的移动广告符合我的需要	0. 876	0. 951	
PERS2：我收到的移动广告与我所要购买的商品相关	0. 903	0. 947	
PERS3：我收到的移动广告与我的购买时间相关	0. 917	0. 944	
PERS4：我收到的移动广告与我的购买地点相关	0. 859	0. 954	
PERS5：我收到的移动广告与我的兴趣相关	0. 874	0. 952	

（2）效度检验。个性化量表的一阶验证性因子分析结果如表 4-9 所示。在模型的拟合度指标中，CMIN/DF＝1.243<2；P＝0.292>0.05；GFI＝0.996 和 AGFI＝0.978，超过 0.9；RMSEA＝0.027<0.05。这说明个性化量表一阶因子模型的拟合度较好。

表 4-9 中各题项的因素负荷量都在 0.71 以上（最低为 0.892），且 C.R. 值的绝对值都大于 1.96，表示参数估计值都达到显著性水平，这表示包含五个题项的个性化量表具有较强的会聚效度，该量表的结构效度较好。

表 4-9　个性化一阶验证性因素分析

变量	因素负荷量	临界比 C.R. 值	信度系数 R^2	测量误差 $1-R^2$	组合信度	平均变异抽取量
个性化					0.959	0.824
PERS1	0.892[b]	—	0.795	0.205		
PERS2	0.912***	30.917	0.832	0.168		
PERS3	0.945***	28.167	0.894	0.106		
PERS4	0.893***	23.096	0.798	0.202		
PERS5	0.895***	24.810	0.802	0.198		
CMIN＝3.730　DF＝3　CMIN/DF＝1.243　P＝0.292　GFI＝0.996　AGFI＝0.978　RMSEA＝0.027						

注：a 因子负荷量为标准化值；b 设为固定值；*** 表示 p<0.001。

4.4.1.4　许可量表

（1）信度检验。许可量表的 Cronbach's α 系数如表 4-10 所示，Cronbach's α 值为 0.895，高于 0.7 这一可接受水平，且所有分项对总项的相关系数都在 0.4 以上（最低为 0.766），删除任何题项后的 α 系数也无显著提高。

许可的组合信度和平均变异抽取量如表 4-11 所示。可以看出，许可的组合信度在 0.7 以上，平均变异抽取量也在 0.5 以上。

综合以上指标来看，许可量表的内部一致性较高，且信度较好。

表 4-10 许可量表的信度分析

题项	分项对总项的相关系数	删除该题项后的 α 系数	Cronbach's α
许可			0.895
PERM1：短信广告往往提供退订条件	0.766	0.875	
PERM2：彩信广告可以退订	0.799	0.845	
PERM3：我收到的商业短信广告是我许可接收的	0.825	0.826	

（2）效度检验。许可量表的一阶验证性因子分析结果如表 4-11 所示。在模型的拟合度指标中，CMIN/DF = 1.210<2；P = 0.298>0.05；GFI = 0.995 和 AGFI = 0.986，超过 0.9；RMSEA = 0.025<0.05。这说明许可量表一阶因子模型的拟合度较好。

表 4-11 中各个题项因素负荷量都在 0.71 以上（最低为 0.838），且 C.R. 值的绝对值都大于 1.96，表示参数估计值都达到显著性水平，这表示包含三个题项的许可量表具有较强的会聚效度，该量表的结构效度较好。

表 4-11 许可一阶验证性因素分析

变量	因素负荷量	临界比 C.R. 值	信度系数 R^2	测量误差 $1-R^2$	组合信度	平均变异抽取量
许可					0.897	0.745
PERM1	0.838[b]	—	0.702	0.298		
PERM2	0.861***	19.889	0.741	0.259		
PERM3	0.889***	21.071	0.790	0.210		
CMIN = 2.419　DF = 2　CMIN/DF = 1.210　P = 0.298　GFI = 0.995　AGFI = 0.986　RMSEA = 0.025						

注：a 因子负荷量为标准化值；b 设为固定值；***表示 p<0.001。

4.4.1.5 娱乐量表

（1）信度检验。娱乐量表的 Cronbach's α 系数如表 4-12 所示，Cronbach's α 值为 0.957，高于 0.7 这一可接受水平，且所有分项对总项的相关系数都在 0.4 以上（最低为 0.858），删除任何题项后的 α 系数也无显著提高。

娱乐的组合信度和平均变异抽取量如表 4-13 所示。可以看出，娱乐的组合信度在 0.7 以上，平均变异抽取量也在 0.5 以上。

综合以上指标来看，娱乐量表的内部一致性较高，且信度较好。

表 4-12　娱乐量表的信度分析

题项	分项对总项的相关系数	删除该题项后的 α 系数	Cronbach's α
娱乐			0.957
ENJ1：我所收到的短信广告令人兴奋	0.927	0.934	
ENJ2：我所收到的彩信广告令人愉快	0.912	0.938	
ENJ3：我觉得手机游戏广告有趣	0.858	0.954	
ENJ4：我觉得手机网站上的广告令人愉悦	0.882	0.947	

（2）效度检验。娱乐量表的一阶验证性因子分析结果如表 4-13 所示。在模型的拟合度指标中，CMIN/DF = 1.112<2；P = 0.292>0.05；GFI = 0.998 和 AGFI = 0.984，超过 0.9；RMSEA = 0.018<0.05。这说明娱乐量表的一阶因子模型的拟合度较好。

表 4-13 中各个题项因素负荷量都在 0.71 以上（最低为 0.863），且 C.R. 值的绝对值都大于 1.96，表示参数估计值都达到显著性水平，这表示包含四个题项的娱乐量表具有较强的会聚效度，该量表的结构效度较好。

表 4-13　娱乐一阶验证性因素分析

变量	因素负荷量	临界比 C.R. 值	信度系数 R^2	测量误差 $1-R^2$	组合信度	平均变异抽取量
娱乐					0.955	0.843
ENJ1	0.967[b]	—	0.935	0.065		
ENJ2	0.950***	40.166	0.902	0.098		
ENJ3	0.863***	27.590	0.745	0.255		
ENJ4	0.888***	30.359	0.788	0.212		
CMIN = 1.112　DF = 1　CMIN/DF = 1.112　P = 0.292　GFI = 0.998　AGFI = 0.984　RMSEA = 0.018						

注：a 因子负荷量为标准化值；b 设为固定值；***表示 p<0.001。

4.4.1.6 易用性量表

（1）信度检验。易用性量表的 Cronbach's α 系数如表 4-14 所示，Cronbach's α 值为 0.951，高于 0.7 这一可接受水平，且所有分项对总项的相关系数都在 0.4 以上（最低为 0.863），删除任何题项后的 α 系数也无显著提高。

易用性的组合信度和平均变异抽取量如表 4-15 所示。可以看出，易用性的组合信度在 0.7 以上，平均变异抽取量也在 0.5 以上。

综合以上指标来看，易用性量表的内部一致性较高，且信度较好。

表 4-14 易用性量表的信度分析

题项	分项对总项的相关系数	删除该题项后的 α 系数	Cronbach's α
易用性			0.951
PEOU1：移动营销活动很容易理解	0.867	0.939	
PEOU2：移动营销活动很容易参与	0.920	0.923	
PEOU3：学习如何使用短信优惠券很容易	0.872	0.938	
PEOU4：我很容易在参与移动营销方面变得精通	0.863	0.941	

（2）效度检验。易用性量表的一阶验证性因素分析结果如表 4-15 所示。在模型的拟合度指标中，CMIN/DF = 1.020<2；P = 0.313>0.05；GFI = 0.999 和 AGFI = 0.985，超过 0.9；RMSEA = 0.008<0.05。这说明易用性量表的一阶因子模型的拟合度较好。

表 4-15 中各题项的因素负荷量都在 0.71 以上（最低为 0.855），且 C.R. 值的绝对值都大于 1.96，表示参数估计值都达到显著性水平，这表示包含四个题项的易用性量表具有较强的会聚效度，该量表的结构效度较好。

表 4-15 易用性一阶验证性因素分析

变量	因素负荷量	临界比 C. R. 值	信度系数 R^2	测量误差 $1-R^2$	组合信度	平均变异抽取量
易用性					0.947	0.817
PEOU1	0.909[b]	—	0.826	0.174		
PEOU2	0.976***	32.528	0.952	0.048		
PEOU3	0.870***	24.713	0.758	0.242		
PEOU4	0.855***	23.662	0.731	0.269		
CMIN=1.020 DF=1 CMIN/DF=1.020 P=0.313 GFI=0.999 AGFI=0.985 RMSEA=0.008						

注：a 因子负荷量为标准化值；b 设为固定值；***表示 $p<0.001$。

4.4.1.7 有用性量表

（1）信度检验。有用性量表的 Cronbach's α 系数如表 4-16 所示，Cronbach's α 值为 0.942，高于 0.7 这一可接受水平，且所有分项对总项的相关系数都在 0.4 以上（最低为 0.802），删除任何题项后的 α 系数也无显著提高。

有用性的组合信度和平均变异抽取量如表 4-17 所示。可以看出，有用性的组合信度在 0.7 以上，平均变异抽取量也在 0.5 以上。

综合以上指标来看，有用性量表的内部一致性较高，且信度较好。

表 4-16 有用性量表的信度分析

题项	分项对总项的相关系数	删除该题项后的 α 系数	Cronbach's α
有用性			0.942
PU1：移动营销可以为我省钱	0.841	0.929	
PU2：移动营销可以为我节省购物时间	0.863	0.925	
PU3：移动营销有助于提升购买决策的准确性	0.884	0.922	
PU4：移动营销有助于提升我的购买效率	0.832	0.931	
PU5：我收到的短信广告是有用的	0.802	0.936	

（2）效度检验。有用性量表的一阶验证性因素分析结果如表 4-17 所示。在模型的拟合度指标中，CMIN/DF = 0.765<2；P = 0.514>0.05；GFI = 0.997 和 AGFI = 0.987，超过 0.9；RMSEA = 0<0.05。这说明有用性量表的一阶因子模型的拟合度较好。

表 4-17 中各题项的因素负荷量都在 0.71 以上（最低为 0.784），且 C. R. 值的绝对值都大于 1.96，表示参数估计值都达到显著性水平，这表示包含五个题项的有用性量表具有较强的会聚效度，该量表的结构效度较好。

表 4-17　有用性一阶验证性因素分析

变量	因素负荷量	临界比 C. R. 值	信度系数 R^2	测量误差 $1-R^2$	组合信度	平均变异抽取量
有用性					0.939	0.755
PU1	0.889[b]	—	0.790	0.210		
PU2	0.914***	25.327	0.835	0.165		
PU3	0.899***	24.415	0.807	0.193		
PU4	0.851***	21.792	0.724	0.276		
PU5	0.784***	18.411	0.615	0.385		
CMIN = 2.294　DF = 3　CMIN/DF = 0.765　P = 0.514　GFI = 0.997　AGFI = 0.987　RMSEA = 0						

注：a 因子负荷量为标准化值；b 设为固定值；***表示 $p<0.001$。

4.4.1.8　意愿量表

（1）信度检验。意愿量表的 Cronbach's α 系数如表 4-18 所示，Cronbach's α 值为 0.936，高于 0.7 这一可接受水平，且所有分项对总项的相关系数都在 0.4 以上（最低为 0.807），删除任何题项后的 α 系数也无显著提高。

意愿的组合信度和平均变异抽取量如表 4-19 所示。可以看出，意愿的组合信度在 0.7 以上，平均变异抽取量也在 0.5 以上。

综合以上指标来看，意愿量表的内部一致性较高，且信度较好。

表 4-18 意愿量表的信度分析

题项	分项对总项的相关系数	删除该题项后的 α 系数	Cronbach's α
意愿			0.936
BI1：我愿意接收移动广告信息	0.878	0.908	
BI2：我将阅读所有我收到的移动广告信息	0.852	0.917	
BI3：我使用移动营销服务的意愿很高	0.864	0.912	
BI5：我以后会登录企业手机网站查阅商品信息	0.807	0.930	

（2）效度检验。意愿量表的一阶验证性因素分析结果如表 4-19 所示。在模型的拟合度指标中，CMIN/DF=0.800<2；P=0.45>0.05；GFI=0.998 和 AGFI=0.988，超过 0.9；RMSEA=0<0.05。这说明意愿一阶因子模型的拟合度较好。

表 4-19 中各题项的因素负荷量都在 0.71 以上（最低为 0.838），且 C.R. 值的绝对值都大于 1.96，表示参数估计值都达到显著性水平，这表示包含四个题项的意愿量表具有较强的会聚效度，该量表的结构效度较好。

表 4-19 意愿一阶验证性因素分析

变量	因素负荷量	临界比 C.R. 值	信度系数 R^2	测量误差 $1-R^2$	组合信度	平均变异抽取量
意愿					0.789	0.937
BI1	0.920[b]	—	0.846	0.154		
BI2	0.892***	25.943	0.795	0.205		
BI3	0.900***	26.552	0.811	0.189		
BI5	0.838***	22.408	0.702	0.298		
CMIN=1.599 DF=2 CMIN/DF=0.800 P=0.450 GFI=0.998 AGFI=0.988 RMSEA=0						

注：a 因子负荷量为标准化值；b 设为固定值；***表示 $p<0.001$。

从以上检验结果可以看出，经过修改后的研究量表，不但符合中国文化的特点，也为中国受访者所理解，同时具有相当高的信度和效度水平，采用这些量表进行调查而获得的数据具有很高的内部一致性，能真实地反映所要度量的变量，可以利用这些数据进行后续的数据分析。

4.4.2 数据的基本统计分析

在本书中，数据的基本分析主要包括以下两部分：第一部分是对调查对象的基本情况进行频数分析和交叉分析；第二部分是运用均值和标准差等一般性统计方法，对技术因素、消费者创新性、个性化、许可、娱乐、易用性、有用性、意愿八个研究变量进行描述性统计分析。

4.4.2.1 调查对象的基本情况分析

（1）频数分析。本书对被调查者的性别、年龄、月平均收入、手机使用年限、手机月消费额、手机上网年限、手机类型等分别进行频数分析，分析结果如表 4-20~表 4-26 所示。

表 4-20 被调查者的性别频数分析表

性别	Frequency	Percent	Valid Percent	Cumulative Percent
女	187	54.8	54.8	54.8
男	154	45.2	45.2	100.0
Total	341	100.0	100.0	

表 4-21 被调查者的年龄频数分析表

年龄（岁）	Frequency	Percent	Valid Percent	Cumulative Percent
26~30	5	1.5	1.5	1.5
18~25	335	98.2	98.2	99.7
<18	1	0.3	0.3	100.0
Total	341	100.0	100.0	

表 4-22　被调查者的月平均收入频数分析表

月收入（元）	Frequency	Percent	Valid Percent	Cumulative Percent
>5000	2	0. 6	0. 6	0. 6
3001~5000	11	3. 2	3. 2	3. 8
2001~3000	8	2. 3	2. 3	6. 2
1501~2000	5	1. 5	1. 5	7. 6
1001~1500	16	4. 7	4. 7	12. 3
500~1000	101	29. 6	29. 6	41. 9
<500	198	58. 1	58. 1	100. 0
Total	341	100. 0	100. 0	

表 4-23　被调查者的手机使用年限频数分析表

手机使用年限（年）	Frequency	Percent	Valid Percent	Cumulative Percent
>6	20	5. 9	5. 9	5. 9
5~6	52	15. 2	15. 2	21. 1
3~4	135	39. 6	39. 6	60. 7
1~2	118	34. 6	34. 6	95. 3
<1	16	4. 7	4. 7	100. 0
Total	341	100. 0	100. 0	

表 4-24　被调查者的手机月消费额频数分析表

手机月消费额（元）	Frequency	Percent	Valid Percent	Cumulative Percent
201~500	1	0. 3	0. 3	0. 3
151~200	3	0. 9	0. 9	1. 2
101~150	26	7. 6	7. 6	8. 8
50~100	138	40. 5	40. 5	49. 3
<50	173	50. 7	50. 7	100. 0
Total	341	100. 0	100. 0	

表 4-25 被调查者的手机上网年限频数分析表

手机上网年限（年）	Frequency	Percent	Valid Percent	Cumulative Percent
>6	6	1. 8	1. 8	1. 8
5~6	13	3. 8	3. 8	5. 6
3~4	129	37. 8	37. 8	43. 4
1~2	132	38. 7	38. 7	82. 1
<1	61	17. 9	17. 9	100. 0
Total	341	100. 0	100. 0	

表 4-26 被调查者的手机类型频数分析表

手机类型	Frequency	Percent	Valid Percent	Cumulative Percent
普通手机	178	52. 2	52. 2	52. 2
高端手机	163	47. 8	47. 8	100. 0
Total	341	100. 0	100. 0	

由表 4-20~表 4-26 可以看出，被调查者中有 187 人为女性，占总人数的 54. 8%；有 154 人为男性，占总人数的 45. 2%；被调查者中女性要多于男性。由于调查主要是针对大学生进行的，所以有 335 人的年龄居于 18~25 岁，占总人数的 98. 2%，另外，有 5 人的年龄大于 26 岁，1 人的年龄小于 18 岁。被调查者中大部分人的月平均收入小于 500 元，共有 198 人，占总人数的 58. 1%；另外，有 101 人的月平均收入为 500~1000 元，占总人数的 29. 6%，其他区间的人数均较少，这些收入主要是指家庭所给的生活费、助学补贴等。大部分的被调查者手机使用年限介于 3~4 年，占总人数的 39. 6%；另外，比例较高的是使用年限介于 1~2 年，占总人数的 34. 6%；介于其他手机使用年限区间的人数均较少。

（2）交叉分析。交叉分析主要对性别与手机类型进行了交叉分析，结果如表 4-27 所示。

表 4-27　性别与手机类型的交叉分析表

性别	手机类型	高端手机	普通手机	Total
女	Count	74	113	187
	% within A1	39.6%	60.4%	100.0%
	% within A9	45.4%	63.5%	54.8%
	% of Total	21.7%	33.1%	54.8%
男	Count	89	65	154
	% within A1	57.8%	42.2%	100.0%
	% within A9	54.6%	36.5%	45.2%
	% of Total	26.1%	19.1%	45.2%
Total	Count	163	178	341
	% within A1	47.8%	52.2%	100.0%
	% within A9	100.0%	100.0%	100.0%
	% of Total	47.8%	52.2%	100.0%

由表 4-27 看出，男性高端手机拥有率明显高于女性，拥有高端手机的男性为 89 人，占所有男性被调查者的比率为 57.8%；拥有高端手机的女性为 74 人，占所有女性被调查者的比率为 39.6%；高端手机的拥有率会间接地影响到消费者接受移动营销的意愿，这在后面的假设检验中可以得到证实。

4.4.2.2　研究变量的描述性统计分析

(1) 技术因素整体描述。通过对技术因素进行均值和标准差的一般性统计分析，可以反映出移动营销所处的技术环境状况，技术因素的度量指标有 4 个，消费者认为移动通信市场的整体技术情况如表 4-28 所示。

表 4-28　技术因素的整体描述

技术因素	均值 $n=341$	标准差
	3.881	1.272
TECH1：我的手机上网很稳定	3.95	1.472
TECH2：我的手机上网速度很快	3.56	1.523

续表

技术因素	均值 $n=341$	标准差
	3.881	1.272
TECH3：我的手机屏幕大小适当	4.01	1.382
TECH4：我的手机能及时准确地收到信息	4.01	1.347

从表 4-28 可以看出，技术因素的整体评分较低（3.881），这反映样本消费者认为目前国内移动通信市场的技术环境还是不够理想，这主要反映在用户用手机上网时不够稳定（对应的指标为 TECH1，其评分为 3.95），且上网速度较慢（对应的指标为 TECH2，其评分为 3.56）。

综合以上分析来看，企业开展移动营销活动所处的技术环境不够理想，只有政府、运营商及相关机构在移动通信技术领域加大投资和创新，移动营销这一新的营销方式才能得到更好的发展，从而使企业移动营销绩效得到相应提高。

（2）消费者创新性整体描述。通过对消费者创新性进行均值和标准差的一般性统计分析，可以反映出样本消费者的整体创新性水平，消费者创新性的度量指标有五个，其整体情况如表 4-29 所示。

表 4-29　消费者创新性的整体描述

消费者创新性	均值 $n=341$	标准差
	3.748	1.333
IN1：我喜欢购买新商品	3.65	1.499
IN2：我通常会努力获取新的信息	3.93	1.497
IN3：我总是努力关注市场上的最新技术	3.56	1.545
IN4：通常而言，我喜欢接受新的事物	4.07	1.462
IN5：通常我比我的朋友先尝试使用某种新产品	3.53	1.480

如表 4-29 所示，样本消费者整体创新性水平较低，总体评分为 3.748，主要反映在消费者不喜欢购买新商品时（对应的指标为 IN1，其评分为

3.65)；消费者并不总是努力获取新的信息（对应的指标值为 IN2，其评分为 3.93)；消费者不总是努力关注市场上的最新技术（对应的指标值为 IN3，其评分为 3.56)；消费者并不总是比朋友先尝试使用某种新产品（对应的指标值为 IN5，其评分为 3.53)。

综合以上分析可以看出，被调查者的创新性较弱，从而影响了其参与移动营销的意愿，移动营销这一新的营销方式只有针对创新性较强的消费者才会更有效，才更有可能取得较好的绩效。

(3) 个性化整体描述。通过对营销信息的个性化进行均值和标准差的一般性统计分析，可以反映出样本消费者对企业移动营销信息个性化的看法，个性化的度量指标有五个，其整体情况如表 4-30 所示。

表 4-30　个性化的整体描述

个性化	均值 $n=341$	标准差
	3.194	1.450
PERS1：我收到的移动广告符合我的需要	3.13	1.526
PERS2：我收到的移动广告与我所要购买的商品相关	3.12	1.544
PERS3：我收到的移动广告与我的购买时间相关	3.24	1.559
PERS4：我收到的移动广告与我的购买地点相关	3.27	1.617
PERS5：我收到的移动广告与我的兴趣相关	3.20	1.573

从表 4-30 可以看出，样本消费者认为企业移动营销信息的个性化程度较低，总体评分为 3.194，主要表现为企业所发送的移动广告不符合消费者的需要（对应指标为 PERS1，其评分为 3.13)；企业所发送的移动广告与消费者所要购买的商品相关性不强（对应的指标为 PERS2，其评分为 3.12)；企业所发送的移动广告与消费者的购买时间相关性不强（对应的指标为 PERS3，其评分为 3.24)；企业所发送的移动广告与消费者的购买地点相关性不强（对应的指标为 PERS4，其评分为 3.27)；企业所发送的移动广告与消费者的兴趣相关性不强（对应的指标为 PERS5，其评分为 3.20)。

综合以上分析可以看出，目前企业所提供的移动营销信息整体个性化不强，与消费者的关联度不够，从而影响了消费者的接受意愿，所以企业应在建立消费者数据库的基础上，围绕消费者来设计移动营销活动，这样才更容易取得良好绩效。

（4）许可整体描述。通过对营销信息提供的许可性进行均值和标准差的一般性统计分析，可以反映出样本消费者对企业移动营销信息许可性的看法，许可的度量指标有 3 个，其整体情况如表 4-31 所示。

表 4-31 许可的整体描述

许可	均值 $n=341$	标准差
	3.410	1.451
PERM1：短信广告往往提供退订条件	3.57	1.475
PERM2：彩信广告可以退订	3.52	1.565
PERM3：我收到的商业短信广告是我许可接收的	3.13	1.736

从表 4-31 可以看出，样本消费者认为企业移动广告提供的许可性整体不高，分值为 3.410，主要表现在企业短信广告并不总是提供退订条件（对应指标为 PERM1，其分值为 3.57）；企业彩信广告并不一定可以退订（对应指标为 PERM2，其分值为 3.52）；企业提供的商业短信广告并不一定是消费者许可接收的（对应指标为 PERM3，其分值为 3.13）。

综合以上分析可以看出，目前大多数移动营销信息给消费者提供的许可不够，没有给予消费者充分的选择自由，以选择是否接收移动营销信息，而是强迫消费者接收，且不停地对消费者进行骚扰。要想真正让消费者接受企业的移动营销活动与信息，企业首先应获得消费者的许可，并为其提供退订方式，这样消费者才更愿意参与移动营销活动，企业的移动营销活动也就更可能取得好的绩效。

（5）娱乐整体描述。通过对企业移动营销信息的娱乐性进行均值和标准差的一般性统计分析，可以反映出样本消费者对企业移动营销信息娱乐性的看法，娱乐的度量指标有 4 个，其整体情况如表 4-32 所示。

表 4-32　娱乐的整体描述

娱乐	均值 $n=341$	标准差
	3.024	1.491
ENJ1：我所收到的短信广告令人兴奋	3.00	1.622
ENJ2：我所收到的彩信广告令人愉快	3.04	1.598
ENJ3：我觉得手机游戏广告有趣	3.03	1.581
ENJ4：我觉得手机网站上的广告令人愉悦	3.02	1.534

如表 4-32 所示，消费者觉得企业提供的移动营销信息或活动的娱乐性并不强，整体分值为 3.024。主要表现为企业所提供的短信广告并不能让消费者觉得兴奋（对应指标为 ENJ1，其分值为 3.00）；企业所提供的彩信广告并不能让消费者觉得愉快（对应指标为 ENJ2，其分值为 3.04）；企业所提供的手机游戏广告无趣（对应指标为 ENJ3，其分值为 3.03）；企业手机网站上的广告不能让消费者觉得愉悦（对应指标为 ENJ4，其分值为 3.02）。

综合以上分析可以看出，企业所设计的移动营销信息与移动营销活动整体的娱乐性不强，而消费者普遍具有"娱乐""爱玩"的天性，所以企业要在营销信息与活动的娱乐上加大功夫，从而增强消费者的参与意愿，由此提升企业的移动营销绩效。

（6）易用性整体描述。通过对企业移动营销活动理解和参与的易用性进行均值和标准差的一般性统计分析，可以反映出样本消费者对企业移动营销活动理解和参与的易用性的看法，易用性的度量指标有四个，其整体情况如表 4-33 所示。

表 4-33　易用性的整体描述

易用性	均值 $n=341$	标准差
	3.749	1.357
PEOU1：移动营销活动很容易理解	3.73	1.452
PEOU2：移动营销活动很容易参与	3.78	1.489
PEOU3：学习如何使用短信优惠券很容易	3.75	1.464
PEOU4：我很容易在参与移动营销方面变得精通	3.74	1.408

如表 4-33 所示，样本消费者认为企业提供的移动营销活动或信息不是很容易参与或理解，整体分值为 3.749，主要表现在企业的移动营销活动不是很容易理解（对应指标为 PEOU1，其分值为 3.73）；企业的移动营销活动不是很容易参与（对应指标为 PEOU2，其分值为 3.78）；企业提供的移动短信优惠券方式不是很容易学习（对应指标为 PEOU3，其分值为 3.75）；企业所提供的移动营销活动对消费者来说不是很容易精通（对应指标为 PEOU4，其分值为 3.74）。

综合以上分析可以看出，企业的移动营销活动设计得不够简单，从而阻碍了消费者的参与，为了能让消费者更好地接受这种营销方式，企业需要在以下两方面加强工作：一方面，要使自己的营销信息与营销活动容易理解、容易参与；另一方面，要加强消费者移动营销知识的宣传与教育，从而使消费者更好地熟悉各种移动营销方式，进而提升他们接受与参与移动营销活动的积极性，以提升企业的移动营销绩效。

（7）有用性整体描述。通过对企业移动营销活动的有用性进行均值和标准差的一般性统计分析，可以反映出样本消费者对企业移动营销活动有用性的看法，有用性的度量指标有五个，其整体情况如表 4-34 所示。

表 4-34 有用性的整体描述

有用性	均值 $n=341$	标准差
	3.492	1.361
PU1：移动营销可以为我省钱	3.55	1.452
PU2：移动营销可以为我节省购物时间	3.63	1.487
PU3：移动营销有助于提升购买决策的准确性	3.49	1.492
PU4：移动营销有助于提升我的购买效率	3.58	1.582
PU5：我收到的短信广告是有用的	3.21	1.532

如表 4-34 所示，样本消费者对企业移动营销有用性评价的整体分值并不高，为 3.492，主要表现为企业的移动营销不能为消费者省钱（对应指标为 PU1，其分值为 3.55）；企业的移动营销并不能为消费者节省购物时间（对应指标为 PU2，其分值为 3.63）；企业的移动营销并不能帮助消费者提升购买决策的准确性（对应指标为 PU3，其分值为 3.49）；企业的移动营销并不能提升消费者的购买效率（对应指标为 PU4，其分值为 3.58）；企业提供的短信广告对消费者来说没有多大作用（对应指标为 PU5，其分值为 3.21）。

这表明消费者觉得目前企业的移动营销活动和信息对消费者没有多大帮助，所以企业应在移动营销信息及活动的有用性上加大功夫，所提供的信息与活动要确实能为消费者提供某种程度的帮助，甚至帮他们省钱，这样消费者才愿意接受移动营销，从而提升企业的移动营销绩效。

（8）意愿整体描述。通过对消费者接受移动营销的意愿进行均值和标准差的一般性统计分析，可以反映出样本消费者接受和参与企业移动营销活动的意愿，意愿的度量指标有四个，其整体情况如表 4-35 所示。

表 4-35 意愿的整体描述

意愿	均值 $n=341$	标准差
	3.356	1.520
BI1：我愿意接收移动广告信息	3.24	1.666
BI2：我将阅读所有我收到的移动广告信息	3.35	1.752

续表

意愿	均值 $n=341$	标准差
	3.356	1.520
BI3：我使用移动营销服务的意愿很高	3.33	1.662
BI5：我以后会登录企业手机网站查阅商品信息	3.51	1.548

如表4-35所示，样本消费者接受和参与企业移动营销的整体意愿不高，分值为3.356，主要表现为消费者不愿意接收移动广告信息（对应指标为BI1，其分值为3.24）；消费者不会阅读所有收到的移动广告信息（对应指标为BI2，其分值为3.35）；消费者使用移动营销服务的意愿不高（对应指标为BI3，其分值为3.33）；消费者以后不一定会登录企业手机网站查阅商品信息（对应指标为BI5，其分值为3.51）。

这表明目前消费者对移动营销的整体认可度并不高，因而企业要使移动营销取得好的绩效，首先得让消费者接受和参与这一新兴的营销方式，这可以从前面整体描述的几个方面做出努力，否则企业对移动营销方面巨大的投入并不一定能取得理想回报。

4.4.3 AMOS路径分析与研究假设检验

4.4.3.1 理论模型及其参数

具体来说，各研究变量的度量指标为：

（1）技术因素含上网稳定（TECH1）、上网速度快（TECH2）、手机屏幕适当（TECH3）、准确收到信息（TECH4）四个度量指标。

（2）消费者创新性含喜欢买新商品（IN1）、获取新信息（IN2）、关注新技术（IN3）、喜欢新事物（IN4）、先尝试新产品（IN5）五个度量指标。

（3）个性化含符合需要（PERS1）、与购买商品相关（PERS2）、与购买时间相关（PERS3）、与购买地点相关（PERS4）、与兴趣相关（PERS5）五个度量指标。

（4）许可含短信广告提供退订（PERM1）、彩信广告可以退订（PERM2）、短信广告许可接收（PERM3）三个度量指标。

（5）娱乐含短信广告令人兴奋（ENJ1）、彩信广告令人愉快（ENJ2）、手机游戏广告有趣（ENJ3）、手机网站广告令人愉悦（ENJ4）四个度量指标。

（6）易用性含容易理解（PEOU1）、容易参与（PEOU2）、学习使用容易（PEOU3）、容易变得精通（PEOU4）四个度量指标。

（7）有用性含省钱（PU1）、省时间（PU2）、提升购买准确性（PU3）、提升购买效率（PU4）、短信广告有用（PU5）五个度量指标。

（8）意愿含愿意接收移动广告（BI1）、将阅读所有移动广告（BI2）、使用意愿很高（BI3）、会登录企业手机网站（BI5）四个度量指标。

4.4.3.2　结构方程模型的建立

根据各个变量之间的关系，可以建立本书的结构方程模型，如图 4-2 所示。模型的建立分为两步：首先，构建结构方程的一般形式；其次，再将具体参数带入模型，形成本书结构方程模型的具体形式。

4.4.3.3　样本数检验

结构方程模型建立之后，在运用 AMOS 对数据进行分析之前，还应检查样本数是否符合结构方程模型分析的要求。根据本章第一节样本规模确定的内容，可知本书所需的合理样本规模为 340 个，实际回收问卷为 341 份，刚好满足要求，因此可以运用结构方程模型来分析所收回的数据。

4.4.3.4　研究假设的检验方式

本书中的各种研究假设将通过显著性概率值 P 值来检验。同时，对全部数据用 AMOS 17.0 软件进行分析，在模型拟合的情况下，利用 P 值来检验。研究假设与检验方式之间的对应关系如表 4-36 所示。

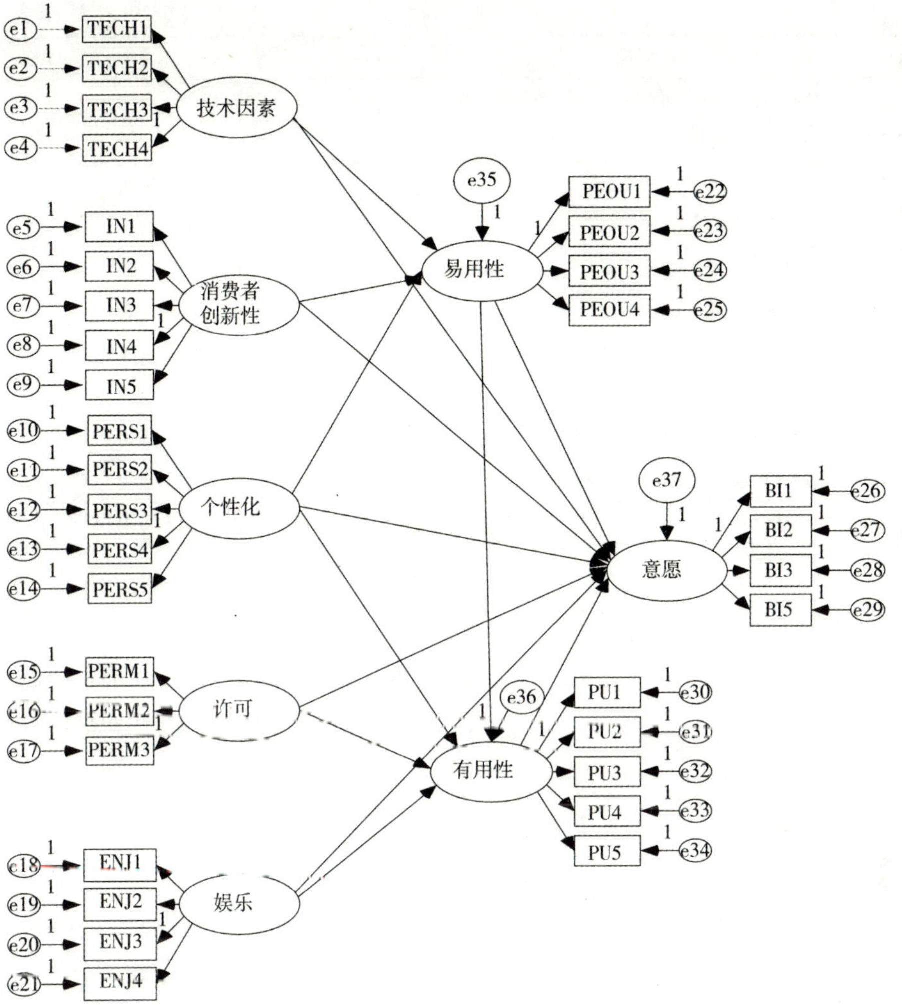

图 4-2　理论模型路径图及其参数

表 4-36　研究假设与检验方式

假设	检验方式
H1：技术因素对意愿有正向的显著影响	P<0.05，显著
H2：技术因素对易用性有正向的显著影响	P<0.05，显著
H3：消费者创新性对易用性有正向的显著影响	P<0.05，显著

续表

假设	检验方式
H4：消费者创新性对意愿有正向的显著影响	P<0.05，显著
H5：个性化对易用性有正向的显著影响	P<0.05，显著
H6：个性化对意愿有正向的显著影响	P<0.05，显著
H7：个性化对有用性有正向的显著影响	P<0.05，显著
H8：许可对意愿有正向的显著影响	P<0.05，显著
H9：许可对有用性有正向的显著影响	P<0.05，显著
H10：娱乐对意愿有正向的显著影响	P<0.05，显著
H11：娱乐对有用性有正向的显著影响	P<0.05，显著
H12：易用性对意愿有正向的显著影响	P<0.05，显著
H13：有用性对意愿有正向的显著影响	P<0.05，显著
H14：易用性对有用性有正向的显著影响	P<0.05，显著

4.4.3.5 结构方程模型的拟合与评价

（1）初始模型分析结果。本书模型在使用 AMOS 17.0 进行模型参数估计时，主要使用最大似然估计法，输出结果中既有非标准化系数，也有标准化系数。

其一，路径系数/载荷系数的显著性。参数估计结果如表 4-37 与表 4-38 所示，模型评价首先要考察模型结果中估计出的参数是否具有统计意义，需要对路径系数或载荷系数①进行统计显著性检验，这类似于回归分析中的参数显著性检验。Amos 提供了一种简单便捷的方法，叫作 C. R. （Critical Ratio）。C. R. 值是一个 Z 统计量，使用参数估计值与其标准差之比构成（如表 4-38 中第四列）。Amos 同时给出了 C. R. 的统计检验相伴概率 P（如表 4-37 第五列），使用者可以根据 P 值进行路径系数/载荷系数的统计显著性检验。如对于表 4-37 中“技术因素”潜变量对“易用性”潜变量的路径系数（第一行）为 0.380，其 C. R. 值为 4.521，相应的 P 值小于 0.001，则可以认为

① 潜变量与潜变量间的回归系数称为路径系数，潜变量与可测变量间的回归系数称为载荷系数。

这个路径系数与 0 存在显著性差异。

表 4-37 系数估计结果

变量			未标准化下路径系数估计	S. E.	C. R.	P	Label	标准化路径系数估计
易用性	<---	技术因素	0. 380	0. 084	4. 521	***	par_ 27	0. 323
易用性	<---	消费者创新性	0. 161	0. 073	2. 203	0. 028	par_ 28	0. 146
易用性	<---	个性化	0. 444	0. 063	7. 059	***	par_ 44	0. 450
有用性	<---	娱乐	0. 350	0. 078	4. 515	***	par_ 30	0. 366
有用性	<---	易用性	0. 180	0. 045	3. 977	***	par_ 31	0. 191
有用性	<---	个性化	0. 374	0. 073	5. 149	***	par_ 46	0. 404
有用性	<---	许可	0. 019	0. 060	0. 312	0. 755	par_ 49	0. 022
意愿	<---	消费者创新性	0. 195	0. 066	2. 940	0. 003	par_ 29	0. 162
意愿	<---	娱乐	0. 222	0. 101	2. 203	0. 028	par_ 32	0. 198
意愿	<---	有用性	0. 394	0. 104	3. 781	***	par_ 43	0. 336
意愿	<---	许可	0. 229	0. 077	2. 960	0. 003	par_ 45	0. 233
意愿	<---	个性化	0. 029	0. 097	0. 297	0. 766	par_ 47	0. 027
意愿	<---	易用性	0. 045	0. 063	0. 703	0. 482	par_ 48	0. 041
意愿	<---	技术因素	0. 003	0. 081	0. 031	0. 975	par_ 50	0. 002
IN4	<---	消费者创性	1. 000					0. 877
IN3	<---	消费者创新性	1. 111	0. 044	25. 412	***	par_ 1	0. 921
IN2	<---	消费者创新性	0. 952	0. 048	19. 821	***	par_ 2	0. 815
IN1	<---	消费者创新性	0. 987	0. 047	21. 173	***	par_ 3	0. 844
IN5	<---	消费者创新性	0. 991	0. 045	21. 887	***	par_ 4	0. 858
TECH4	<---	技术因素	1. 000					0. 889
TECH3	<---	技术因素	0. 972	0. 046	21. 278	***	par_ 5	0. 843
TECH2	<---	技术因素	1. 130	0. 048	23. 701	***	par_ 6	0. 889

续表

变量			未标准化下路径系数估计	S. E.	C. R.	P	Label	标准化路径系数估计
TECH1	<---	技术因素	0. 943	0. 053	17. 923	***	par_ 7	0. 768
PERS4	<---	个性化	1. 000					0. 882
PERS3	<---	个性化	1. 024	0. 037	27. 533	***	par_ 8	0. 935
PERS2	<---	个性化	1. 001	0. 037	26. 698	***	par_ 9	0. 924
PERS1	<---	个性化	0. 971	0. 038	25. 547	***	par_ 10	0. 908
PERS5	<---	个性化	0. 988	0. 040	24. 758	***	par_ 11	0. 896
PERM3	<---	许可	1. 000					0. 904
PERM2	<---	许可	0. 855	0. 038	22. 602	***	par_ 12	0. 858
PERM1	<---	许可	0. 775	0. 037	20. 875	***	par_ 13	0. 825
ENJ3	<---	娱乐	1. 000					0. 872
ENJ2	<---	娱乐	1. 101	0. 040	27. 747	***	par_ 14	0. 950
ENJ1	<---	娱乐	1. 126	0. 040	28. 338	***	par_ 15	0. 958
ENJ4	<---	娱乐	1. 005	0. 041	24. 647	***	par_ 16	0. 904
PEOU2	<---	易用性	1. 000					0. 945
PEOU3	<---	易用性	0. 939	0. 031	30. 129	***	par_ 17	0. 903
PEOU4	<---	易用性	0. 893	0. 031	28. 948	***	par_ 18	0. 892
PEOU1	<---	易用性	0. 936	0. 031	30. 526	***	par_ 19	0. 907
PU2	<---	有用性	1. 000					0. 890
PU3	<---	有用性	1. 026	0. 039	26. 027	***	par_ 20	0. 910
PU4	<---	有用性	1. 030	0. 045	22. 927	***	par_ 21	0. 861
PU5	<---	有用性	0. 991	0. 044	22. 595	***	par_ 22	0. 855
PU1	<---	有用性	0. 951	0. 041	23. 234	***	par_ 23	0. 867
BI2	<---	意愿	1. 000					0. 882
BI3	<---	意愿	0. 966	0. 039	24. 647	***	par_ 24	0. 899
BI5	<---	意愿	0. 849	0. 039	21. 751	***	par_ 25	0. 848
BI1	<---	意愿	0. 993	0. 038	26. 125	***	par_ 26	0. 921

注：***表示 0. 001 水平上显著，C. R. 值即 t 值。

表 4-38 方差估计

变量	方差估计	S. E.	C. R.	P	Label
消费者创新性	1. 639	0. 161	10. 160	***	par_ 51
技术因素	1. 430	0. 138	10. 338	***	par_ 52
个性化	2. 027	0. 196	10. 329	***	par_ 53
许可	2. 458	0. 232	10. 607	***	par_ 54
娱乐	1. 895	0. 187	10. 146	***	par_ 55
e35	0. 508	0. 051	9. 869	***	par_ 56
e36	0. 221	0. 029	7. 633	***	par_ 57
e37	0. 323	0. 043	7. 479	***	par_ 58
e8	0. 494	0. 046	10. 679	***	par_ 59
e7	0. 360	0. 040	9. 041	***	par_ 60
e6	0. 751	0. 064	11. 647	***	par_ 61
e5	0. 644	0. 057	11. 288	***	par_ 62
e9	0. 575	0. 052	11. 054	***	par_ 63
e4	0. 379	0. 040	9. 533	***	par_ 64
e3	0. 550	0. 051	10. 780	***	par_ 65
e2	0. 484	0. 051	9. 536	***	par_ 66
e1	0. 888	0. 076	11. 736	***	par_ 67
e13	0. 580	0. 050	11. 593	***	par_ 68
e12	0. 304	0. 030	10. 125	***	par_ 69
e11	0. 348	0. 033	10. 606	***	par_ 70
e10	0. 409	0. 037	11. 100	***	par_ 71
e14	0. 488	0. 043	11. 361	***	par_ 72
e17	0. 548	0. 064	8. 585	***	par_ 73
e16	0. 644	0. 062	10. 323	***	par_ 74
e15	0. 691	0. 063	10. 986	***	par_ 75
e20	0. 597	0. 051	11. 815	***	par_ 76
e19	0. 250	0. 027	9. 383	***	par_ 77
e18	0. 218	0. 025	8. 657	***	par_ 78
e21	0. 430	0. 038	11. 310	***	par_ 79
e23	0. 236	0. 028	8. 372	***	par_ 80
e24	0. 393	0. 037	10. 567	***	par_ 81
e25	0. 403	0. 037	10. 870	***	par_ 82

续表

变量	方差估计	S. E.	C. R.	P	Label
e22	0.374	0.036	10.454	***	par_ 83
e31	0.458	0.042	10.935	***	par_ 84
e32	0.381	0.037	10.358	***	par_ 85
e33	0.642	0.056	11.455	***	par_ 86
e34	0.626	0.054	11.536	***	par_ 87
e30	0.521	0.046	11.375	***	par_ 88
e27	0.676	0.062	10.864	***	par_ 89
e28	0.529	0.051	10.430	***	par_ 90
e29	0.672	0.059	11.471	***	par_ 91
e26	0.417	0.044	9.522	***	par_ 92

注：***表示 0.001 水平上显著，C. R. 值即 t 值。

其二，模型拟合评价。模型拟合结果如表 4-39 所示。

表 4-39　拟合指数

统计检验量	适配的标准或临界值	检验结果数据	模型适配判断
绝对适配度指数			
χ^2	P>0.05（未达显著水平）	935.388（P= 0<0.05）	否
RMR 值	<0.05	0.068	否
RMSEA 值	<0.08（若<0.05 优良；<0.08 良好）	0.05	是
GFI 值	>0.9 以上	0.862	否
AGFI 值	>0.9 以上	0.837	否
增值适配度指数			
NFI 值	>0.9 以上	0.936	是
RFI 值	>0.9 以上	0.929	是
IFI 值	>0.9 以上	0.969	是
TLI 值（NNFI 值）	>0.9 以上	0.966	是
CFI 值	>0.9 以上	0.969	是
简约适配度指数			

续表

统计检验量	适配的标准或临界值	检验结果数据	模型适配判断
PGFI 值	>0.5 以上	0.729	是
PNFI 值	>0.5 以上	0.839	是
PCFI 值	>0.5 以上	0.869	是
CN 值	>200	341	是
χ^2 自由度比	<2.00	1.86	是
AIC 值	理论模型小于独立模型值，且同时小于饱和模型值	1119.388<1190.000 1119.388<14684.369	是
CAIC 值	理论模型小于独立模型值，且同时小于饱和模型值	1563.921<4064.970 1563.921<14848.653	是

模型拟合表 4-39 显示，虽然增值适配度指数与简约适配度指数均达到标准，但主要绝对适配度指数都没有达到要求，表明初始模型的适配度较差，需要对模型进行修正。

（2）模型修正。从模型参数的显著性检验（见表 4-37）可以看出，如下几条路径系数不显著，如表 4-40 所示，其 P 值均大于 0.05，根据表 4-39 也可以看出模型的适配度不好，因此需要对模型进行修正。在对模型进行修正时，可首先考虑去掉上述路径系数不显著的几条路径。根据实际情况考虑，许可对有用性好像没有什么实质性影响。虽然个性化与意愿、易用性与意愿、技术因素与意愿之间似乎有关联，但其运算结果却不支持，可能它们之间的关系有其他中介变量在起作用，因此需要进一步分析。

表 4-40　不显著路径系数估计

变量			非标准化路径系数估计	S. E.	C. R.	P	Label
有用性	<---	许可	0.019	0.060	0.312	0.755	par_ 49
意愿	<---	个性化	0.029	0.097	0.297	0.766	par_ 47
意愿	<---	易用性	0.045	0.063	0.703	0.482	par_ 48
意愿	<---	技术因素	0.003	0.081	0.031	0.975	par_ 50

去掉上述不显著路径后重新进行模型运算，其模型图及运算结果如图 4-3 及表 4-41～表 4-44 所示。

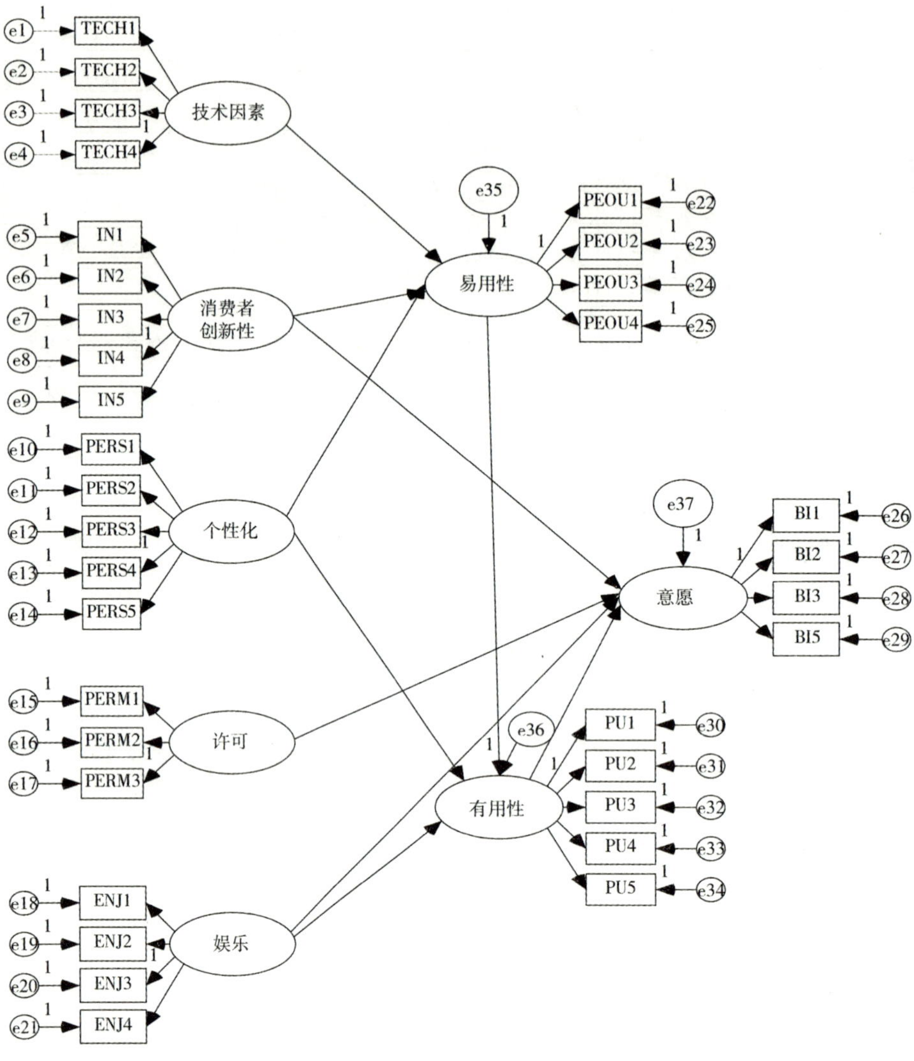

图 4-3　去掉不显著路径后的模型修正图

表 4-41 去掉不显著路径后的系数估计结果

变量			未标准化路径系数估计	S. E.	C. R.	P	Label	标准化路径系数估计
易用性	<---	技术因素	0. 379	0. 084	4. 513	***	par_ 27	0. 323
易用性	<---	消费者创新性	0. 162	0. 073	2. 221	0. 026	par_ 28	0. 148
易用性	<---	个性化	0. 443	0. 063	7. 054	***	par_ 44	0. 449
有用性	<---	娱乐	0. 360	0. 064	5. 652	***	par_ 30	0. 376
有用性	<---	易用性	0. 184	0. 045	4. 127	***	par_ 31	0. 196
有用性	<---	个性化	0. 380	0. 071	5. 343	***	par_ 46	0. 411
意愿	<---	消费者创新性	0. 214	0. 056	3. 802	***	par_ 29	0. 178
意愿	<---	娱乐	0. 225	0. 097	2. 306	0. 021	par_ 32	0. 201
意愿	<---	有用性	0. 439	0. 085	5. 183	***	par_ 43	0. 375
意愿	<---	许可	0. 239	0. 074	3. 206	0. 001	par_ 45	0. 242
IN4	<---	消费者创新性	1. 000					0. 877
IN3	<---	消费者创新性	1. 110	0. 044	25. 412	***	par_ 1	0. 921
IN2	<---	消费者创新性	0. 952	0. 048	19. 836	***	par_ 2	0. 815
IN1	<---	消费者创新性	0. 987	0. 047	21. 172	***	par_ 3	0. 844
IN5	<---	消费者创新性	0. 991	0. 045	21. 883	***	par_ 4	0. 858
TECH4	<---	技术因素	1. 000					0. 889
TECH3	<---	技术因素	0. 972	0. 046	21. 276	***	par_ 5	0. 843
TECH2	<---	技术因素	1. 130	0. 048	23. 700	***	par_ 6	0. 889
TECH1	<---	技术因素	0. 944	0. 053	17. 924	***	par_ 7	0. 768
PERS4	<---	个性化	1. 000					0. 882
PERS3	<---	个性化	1. 024	0. 037	27. 539	***	par_ 8	0. 935
PERS2	<---	个性化	1. 001	0. 037	26. 698	***	par_ 9	0. 924
PERS1	<---	个性化	0. 971	0. 038	25. 544	***	par_ 10	0. 907
PERS5	<---	个性化	0. 988	0. 040	24. 764	***	par_ 11	0. 896
PERM3	<---	许可	1. 000					0. 904
PERM2	<---	许可	0. 855	0. 038	22. 573	***	par_ 12	0. 858
PERM1	<---	许可	0. 775	0. 037	20. 883	***	par_ 13	0. 825
ENJ3	<---	娱乐	1. 000					0. 872
ENJ2	<---	娱乐	1. 101	0. 040	27. 738	***	par_ 14	0. 950

续表

变量			未标准化路径系数估计	S. E.	C. R.	P	Label	标准化路径系数估计
ENJ1	<---	娱乐	1. 126	0. 040	28. 331	***	par_ 15	0. 958
ENJ4	<---	娱乐	1. 005	0. 041	24. 644	***	par_ 16	0. 904
PEOU2	<---	易用性	1. 000					0. 945
PEOU3	<---	易用性	0. 939	0. 031	30. 148	***	par_ 17	0. 903
PEOU4	<---	易用性	0. 893	0. 031	28. 960	***	par_ 18	0. 892
PEOU1	<---	易用性	0. 935	0. 031	30. 514	***	par_ 19	0. 907
PU2	<---	有用性	1. 000					0. 889
PU3	<---	有用性	1. 026	0. 039	25. 997	***	par_ 20	0. 910
PU4	<---	有用性	1. 030	0. 045	22. 916	***	par_ 21	0. 861
PU5	<---	有用性	0. 991	0. 044	22. 591	***	par_ 22	0. 855
PU1	<---	有用性	0. 951	0. 041	23. 222	***	par_ 23	0. 866
BI2	<---	意愿	1. 000					0. 882
BI3	<---	意愿	0. 967	0. 039	24. 646	***	par_ 24	0. 899
BI5	<---	意愿	0. 849	0. 039	21. 743	***	par_ 25	0. 848
BI1	<---	意愿	0. 994	0. 038	26. 125	***	par_ 26	0. 922

注：***表示 0. 001 水平上显著，C. R. 值即 t 值。

表 4-42　去掉不显著路径后的方差估计

变量	方差估计	S. E.	C. R.	P	Label
消费者创新性	1. 639	0. 161	10. 162	***	par_ 47
技术因素	1. 430	0. 138	10. 337	***	par_ 48
个性化	2. 027	0. 196	10. 329	***	par_ 49
许可	2. 457	0. 232	10. 605	***	par_ 50
娱乐	1. 895	0. 187	10. 144	***	par_ 51
e35	0. 507	0. 051	9. 872	***	par_ 52
e36	0. 220	0. 029	7. 630	***	par_ 53
e37	0. 320	0. 043	7. 457	***	par_ 54
e8	0. 493	0. 046	10. 679	***	par_ 55

续表

变量	方差估计	S. E.	C. R.	P	Label
e7	0. 361	0. 040	9. 055	***	par_ 56
e6	0. 750	0. 064	11. 646	***	par_ 57
e5	0. 644	0. 057	11. 292	***	par_ 58
e9	0. 575	0. 052	11. 060	***	par_ 59
e4	0. 379	0. 040	9. 535	***	par_ 60
e3	0. 550	0. 051	10. 781	***	par_ 61
e2	0. 484	0. 051	9. 537	***	par_ 62
e1	0. 888	0. 076	11. 736	***	par_ 63
e13	0. 579	0. 050	11. 593	***	par_ 64
e12	0. 304	0. 030	10. 126	***	par_ 65
e11	0. 348	0. 033	10. 609	***	par_ 66
e10	0. 410	0. 037	11. 104	***	par_ 67
e14	0. 488	0. 043	11. 362	***	par_ 68
e17	0. 549	0. 064	8. 600	***	par_ 69
e16	0. 646	0. 063	10. 340	***	par_ 70
e15	0. 691	0. 063	10. 986	***	par_ 71
e20	0. 597	0. 051	11. 817	***	par_ 72
e19	0. 250	0. 027	9. 394	***	par_ 73
e18	0. 218	0. 025	8. 668	***	par_ 74
e21	0. 430	0. 038	11. 312	***	par_ 75
e23	0. 236	0. 028	8. 362	***	par_ 76
e24	0. 393	0. 037	10. 565	***	par_ 77
e25	0. 403	0. 037	10. 871	***	par_ 78
e22	0. 375	0. 036	10. 462	***	par_ 79
e31	0. 459	0. 042	10. 952	***	par_ 80
e32	0. 382	0. 037	10. 386	***	par_ 81
e33	0. 642	0. 056	11. 465	***	par_ 82
e34	0. 626	0. 054	11. 544	***	par_ 83
e30	0. 522	0. 046	11. 386	***	par_ 84
e27	0. 678	0. 062	10. 870	***	par_ 85

续表

变量	方差估计	S. E.	C. R.	P	Label
e28	0. 528	0. 051	10. 425	***	par_ 86
e29	0. 672	0. 059	11. 471	***	par_ 87
e26	0. 416	0. 044	9. 511	***	par_ 88

表 4-43　修正指标值

Covariances:(Group number 1 - Default model)

变量			M. I.	Par Change
e35	<-->	娱乐	12. 253	0. 092
e35	<-->	个性化	8. 305	-0. 080
e29	<-->	娱乐	7. 342	-0. 078
e27	<-->	e36	4. 784	-0. 062
e30	<-->	e35	8. 598	0. 097
e34	<-->	e35	8. 947	-0. 108
e34	<-->	e36	16. 666	-0. 105
e34	<-->	e26	8. 007	0. 096
e34	<-->	e30	12. 489	-0. 123
e32	<-->	e35	4. 907	-0. 066
e32	<-->	e27	4. 729	-0. 073
e31	<-->	e35	9. 937	0. 100
e31	<-->	e30	18. 284	0. 130
e31	<-->	e34	20. 705	-0. 150
e22	<-->	娱乐	9. 134	0. 068
e22	<-->	e37	4. 349	0. 054
e22	<-->	e34	5. 404	0. 071
e25	<-->	e35	4. 142	-0. 060
e25	<-->	e30	6. 228	0. 072
e25	<-->	e22	8. 451	-0. 072
e24	<-->	e35	4. 854	-0. 064
e24	<-->	e22	16. 205	-0. 100

续表

变量			M. I.	Par Change
e24	<-->	e25	8. 754	0. 075
e23	<-->	个性化	5. 224	-0. 048
e23	<-->	技术因素	4. 386	0. 048
e23	<-->	e35	10. 061	0. 078
e23	<-->	e22	26. 359	0. 106
e21	<-->	娱乐	4. 894	-0. 051
e21	<-->	个性化	8. 525	0. 071
e18	<-->	个性化	4. 962	-0. 043
e18	<-->	e27	5. 510	0. 064
e18	<-->	e32	6. 941	-0. 055
e19	<-->	e23	4. 357	0. 039
e19	<-->	e18	5. 558	0. 039
e20	<-->	消费者创新性	4. 470	0. 071
e20	<-->	e32	4. 409	0. 063
e20	<-->	e21	5. 743	0. 073
e15	<-->	e35	4. 245	0. 080
e15	<-->	e28	4. 965	-0. 087
e15	<-->	e21	8. 691	0. 101
e16	<-->	e36	7. 581	0. 077
e16	<-->	e26	6. 350	0. 091
e16	<-->	e34	4. 189	0. 083
e17	<-->	e22	11. 077	-0. 108
e14	<-->	e34	4. 112	0. 069
e14	<-->	e33	7. 687	0. 096
e14	<-->	e31	4. 175	-0. 061
e14	<-->	e25	8. 362	-0. 081
e10	<-->	个性化	6. 867	-0. 062
e10	<-->	e35	6. 168	-0. 074
e10	<-->	e37	5. 871	0. 064
e10	<-->	e26	4. 642	0. 060

续表

变量			M. I.	Par Change
e10	<-->	e34	4. 150	0. 064
e10	<-->	e19	4. 386	0. 046
e11	<-->	e35	4. 591	-0. 060
e11	<-->	e33	4. 074	-0. 061
e11	<-->	e22	9. 321	-0. 073
e11	<-->	e10	14. 193	0. 090
e12	<-->	e23	4. 777	-0. 044
e13	<-->	e35	9. 260	0. 105
e13	<-->	e29	5. 041	0. 085
e13	<-->	e28	4. 948	-0. 078
e13	<-->	e31	5. 347	0. 074
e13	<-->	e10	16. 710	-0. 122
e13	<-->	e12	8. 647	0. 079
e1	<-->	个性化	4. 042	-0. 070
e1	<-->	e32	8. 250	0. 106
e1	<-->	e15	8. 703	0. 142
e2	<-->	e32	11. 542	0. 101
e2	<-->	e31	4. 152	-0. 065
e2	<-->	e11	4. 884	0. 062
e2	<-->	e1	35. 492	0. 251
e3	<-->	e28	5. 378	-0. 082
e3	<-->	e1	4. 201	-0. 088
e4	<-->	个性化	5. 788	0. 059
e4	<-->	e32	7. 137	-0. 070
e4	<-->	e1	5. 433	-0. 087
e4	<-->	e2	7. 217	-0. 078
e4	<-->	e3	9. 711	0. 094
e9	<-->	e37	4. 913	-0. 070
e9	<-->	e33	5. 165	-0. 086
e9	<-->	e18	4. 731	-0. 054

续表

变量			M. I.	Par Change
e9	<-->	e20	11. 445	0. 122
e6	<-->	技术因素	8. 560	0. 103
e6	<-->	消费者创新性	5. 351	-0. 087
e6	<-->	e37	7. 639	0. 097
e6	<-->	e26	10. 570	0. 120
e6	<-->	e11	6. 413	-0. 081
e6	<-->	e9	12. 194	-0. 140
e7	<-->	个性化	4. 812	-0. 054
e7	<-->	消费者创新性	9. 991	0. 090
e7	<-->	e29	5. 557	-0. 079
e7	<-->	e18	4. 663	0. 047
e7	<-->	e13	5. 176	-0. 070
e8	<-->	娱乐	6. 053	-0. 063
e8	<-->	e20	5. 525	-0. 079
e8	<-->	e17	4. 434	0. 078
e8	<-->	e3	4. 137	-0. 069
e8	<-->	e5	6. 307	-0. 089

Variances:(Group number 1 - Default model)

变量	M. I.	Par Change

Regression Weights:(Group number 1 - Default model)

变量			M. I.	Par Change
PU5	<---	BI1	5. 467	0. 064
PU5	<---	ENJ4	4. 666	0. 064
PU5	<---	PERM2	6. 322	0. 073
PU5	<---	PERS5	4. 660	0. 062
PU5	<---	PERS1	4. 512	0. 063
PU2	<---	PU1	4. 110	0. 056

续表

变量			M. I.	Par Change
PU2	<---	PU5	5. 059	-0. 059
PEOU4	<---	PU1	5. 418	0. 060
PEOU2	<---	个性化	4. 865	-0. 051
PEOU2	<---	意愿	4. 065	-0. 043
PEOU2	<---	BI1	4. 908	-0. 043
PEOU2	<---	BI3	5. 336	-0. 045
PEOU2	<---	PU5	4. 460	-0. 045
PEOU2	<---	PEOU1	4. 265	0. 046
PEOU2	<---	PERM2	5. 046	-0. 046
PEOU2	<---	PERS1	6. 857	-0. 055
PEOU2	<---	PERS2	4. 006	-0. 042
PEOU2	<---	PERS3	7. 389	-0. 056
PEOU2	<---	IN1	4. 415	-0. 045
PEOU2	<---	IN2	4. 594	-0. 046
ENJ3	<---	IN5	4. 947	0. 066
PERM1	<---	TECH1	4. 595	0. 071
PERS1	<---	BI1	4. 006	0. 045
TECH1	<---	PU1	4. 018	-0. 074
TECH1	<---	PU5	4. 944	-0. 078
TECH1	<---	PU2	5. 295	-0. 083
TECH1	<---	ENJ4	4. 290	-0. 073
TECH1	<---	TECH2	5. 817	0. 085
TECH2	<---	TECH1	13. 668	0. 109
IN5	<---	ENJ3	6. 806	0. 073
IN2	<---	BI1	6. 068	0. 073
IN2	<---	TECH1	4. 993	0. 075
IN2	<---	TECH4	4. 412	0. 077
IN3	<---	BI5	5. 847	-0. 060
IN3	<---	PU2	5. 538	-0. 061
IN3	<---	PERM1	5. 397	-0. 061
IN3	<---	PERS4	6. 905	-0. 063
IN3	<---	TECH1	4. 725	-0. 057

表 4-44 第一次修正后的模型拟合指数

统计检验量	适配的标准或临界值	检验结果数据	模型适配判断
绝对适配度指数			
χ^2	P>0.05（未达显著水平）	936.118（P= 0<0.05）	否
RMR 值	<0.05	0.068	否
RMSEA 值	<0.08（若<0.05 优良；<0.08 良好）	0.05	是
GFI 值	>0.9 以上	0.862	否
AGFI 值	>0.9 以上	0.838	否
增值适配度指数			
NFI 值	>0.9 以上	0.936	是
RFI 值	>0.9 以上	0.929	是
IFI 值	>0.9 以上	0.970	是
TLI 值（NNFI 值）	>0.9 以上	0.966	是
CFI 值	>0.9 以上	0.969	是
简约适配度指数			
PGFI 值	>0.5 以上	0.734	是
PNFI 值	>0.5 以上	0.846	是
PCFI 值	>0.5 以上	0.876	是
CN 值	>200	341	是
χ^2 自由度比	<2.00	1.846	是
AIC 值	理论模型小于独立模型值，且同时小于饱和模型值	1112.118<1190.000 1112.118<14684.369	是
CAIC 值	理论模型小于独立模型值，且同时小于饱和模型值	1537.324<4064.970 1537.324<14848.653	是

对模型进行第一次修正后的结果如表 4-41 所示，去掉不显著路径后，剩下的路径系数显著性检验均为显著。虽然对比表 4-39 与表 4-44 发现去掉不显著路径后，模型的适配度并没有明显的改善，但如图 4-4 所示，修正后的路径模型图比修正之前更加简化了。由于模型整体适配度仍旧不理想，尚须进一步修正。

（3）最优模型分析结果。根据表 4-43 修正指标显示，寻找 MI 值最大的修正指标，依次对模型进行修正，建立了各指标变量的测量误差之间的共变关系（修正的前提是理论依据合理），最后修正的模型图运算结果如表 4-45~表 4-48 所示。

表 4-45　最优模型各路径系数估计

变量			未标准化路径系数估计	S. E.	C. R.	P	Label	标准化路径系数估计
易用性	<---	技术因素	0. 335	0. 082	4. 070	***	par_ 27	0. 301
易用性	<---	消费者创新性	0. 166	0. 075	2. 215	0. 027	par_ 28	0. 152
易用性	<---	个性化	0. 451	0. 061	7. 382	***	par_ 44	0. 478
有用性	<---	娱乐	0. 400	0. 066	6. 013	***	par_ 30	0. 411
有用性	<---	易用性	0. 170	0. 048	3. 526	***	par_ 31	0. 172
有用性	<---	个性化	0. 357	0. 074	4. 811	***	par_ 46	0. 382
意愿	<---	消费者创新性	0. 224	0. 059	3. 810	***	par_ 29	0. 180
意愿	<---	娱乐	0. 356	0. 102	3. 510	***	par_ 32	0. 319
意愿	<---	有用性	0. 339	0. 075	4. 532	***	par_ 43	0. 294
意愿	<---	许可	0. 195	0. 076	2. 580	0. 010	par_ 45	0. 199
IN4	<---	消费者创新性	1. 000					0. 853
IN3	<---	消费者创新性	1. 107	0. 042	26. 278	***	par_ 1	0. 893
IN2	<---	消费者创新性	1. 021	0. 051	19. 902	***	par_ 2	0. 848
IN1	<---	消费者创新性	1. 004	0. 051	19. 833	***	par_ 3	0. 835
IN5	<---	消费者创新性	1. 042	0. 049	21. 197	***	par_ 4	0. 876
TECH4	<---	技术因素	1. 000					0. 906
TECH3	<---	技术因素	0. 966	0. 043	22. 253	***	par_ 5	0. 851
TECH2	<---	技术因素	1. 074	0. 047	22. 812	***	par_ 6	0. 860
TECH1	<---	技术因素	0. 870	0. 053	16. 390	***	par_ 7	0. 721
PERS4	<---	个性化	1. 000					0. 893
PERS3	<---	个性化	1. 012	0. 036	28. 459	***	par_ 8	0. 934
PERS2	<---	个性化	0. 982	0. 036	26. 981	***	par_ 9	0. 915
PERS1	<---	个性化	0. 960	0. 041	23. 487	***	par_ 10	0. 908

续表

变量			未标准化路径系数估计	S. E.	C. R.	P	Label	标准化路径系数估计
PERS5	<---	个性化	0. 980	0. 038	25. 669	***	par_ 11	0. 897
PERM3	<---	许可	1. 000					0. 905
PERM2	<---	许可	0. 843	0. 037	22. 629	***	par_ 12	0. 855
PERM1	<---	许可	0. 771	0. 037	20. 974	***	par_ 13	0. 824
ENJ3	<---	娱乐	1. 000					0. 877
ENJ2	<---	娱乐	1. 084	0. 040	26. 928	***	par_ 14	0. 936
ENJ1	<---	娱乐	1. 111	0. 040	27. 784	***	par_ 15	0. 947
ENJ4	<---	娱乐	1. 007	0. 040	25. 336	***	par_ 16	0. 909
PEOU2	<---	易用性	1. 000					0. 916
PEOU3	<---	易用性	0. 992	0. 034	28. 859	***	par_ 17	0. 924
PEOU4	<---	易用性	0. 932	0. 034	27. 055	***	par_ 18	0. 901
PEOU1	<---	易用性	0. 940	0. 029	32. 864	***	par_ 19	0. 883
PU2	<---	有用性	1. 000					0. 907
PU3	<---	有用性	1. 005	0. 038	26. 748	***	par_ 20	0. 899
PU4	<---	有用性	1. 015	0. 042	23. 986	***	par_ 21	0. 863
PU5	<---	有用性	1. 020	0. 048	21. 360	***	par_ 22	0. 899
PU1	<---	有用性	0. 945	0. 038	25. 066	***	par_ 23	0. 880
BI2	<-	意愿	1. 000					0. 884
BI3	<---	意愿	0. 966	0. 039	24. 891	***	par_ 24	0. 899
BI5	<---	意愿	0. 847	0. 039	21. 901	***	par_ 25	0. 848
BI1	<---	意愿	0. 991	0. 038	26. 241	***	par_ 26	0. 920

注：*** 表示 0. 001 水平上显著，C. R. 值即 t 值。

表 4-46　最优模型方差估计

变量	Estimate	S. E.	C. R.	P	Label
消费者创新性	1. 550	0. 160	9. 710	***	par_ 93
技术因素	1. 484	0. 140	10. 637	***	par_ 94
个性化	2. 069	0. 196	10. 552	***	par_ 95

续表

变量	Estimate	S. E.	C. R.	P	Label
许可	2. 491	0. 234	10. 660	***	par_ 96
娱乐	1. 908	0. 186	10. 245	***	par_ 97
e35	0. 428	0. 047	9. 049	***	par_ 98
e36	0. 269	0. 030	8. 913	***	par_ 99
e37	0. 326	0. 042	7. 727	***	par_ 100
e8	0. 579	0. 053	10. 923	***	par_ 101
e7	0. 483	0. 050	9. 703	***	par_ 102
e6	0. 632	0. 062	10. 186	***	par_ 103
e5	0. 677	0. 060	11. 203	***	par_ 104
e9	0. 508	0. 053	9. 527	***	par_ 105
e4	0. 325	0. 038	8. 529	***	par_ 106
e3	0. 528	0. 050	10. 462	***	par_ 107
e2	0. 602	0. 059	10. 233	***	par_ 108
e1	1. 037	0. 087	11. 911	***	par_ 109
e13	0. 525	0. 047	11. 174	***	par_ 110
e12	0. 312	0. 030	10. 308	***	par_ 111
e11	0. 387	0. 036	10. 671	***	par_ 112
e10	0. 407	0. 039	10. 303	***	par_ 113
e14	0. 484	0. 042	11. 427	***	par_ 114
e17	0. 552	0. 063	8. 694	***	par_ 115
e16	0. 651	0. 062	10. 522	***	par_ 116
e15	0. 700	0. 063	11. 050	***	par_ 117
e20	0. 574	0. 050	11. 431	***	par_ 118
e19	0. 318	0. 036	8. 849	***	par_ 119
e18	0. 271	0. 033	8. 216	***	par_ 120
e21	0. 405	0. 038	10. 718	***	par_ 121
e23	0. 356	0. 038	9. 327	***	par_ 122
e24	0. 311	0. 035	8. 784	***	par_ 123
e25	0. 372	0. 037	10. 119	***	par_ 124
e22	0. 459	0. 051	9. 085	***	par_ 125

续表

变量	Estimate	S. E.	C. R.	P	Label
e31	0. 387	0. 038	10. 124	***	par_ 126
e32	0. 435	0. 037	11. 606	***	par_ 127
e33	0. 638	0. 057	11. 259	***	par_ 128
e34	0. 447	0. 050	8. 992	***	par_ 129
e30	0. 472	0. 043	10. 964	***	par_ 130
e27	0. 671	0. 061	10. 985	***	par_ 131
e28	0. 527	0. 050	10. 481	***	par_ 132
e29	0. 669	0. 058	11. 514	***	par_ 133
e26	0. 426	0. 044	9. 724	***	par_ 134

注：***表示 0. 001 水平上显著，C. R. 值即 t 值。

表 4-47 最优模型时显示的修正指标

Covariances：（Group number 1 - Default model）

变量			M. I.	Par Change
e35	<-->	娱乐	9. 458	0. 076
e35	<-->	个性化	7. 358	-0. 070
e29	<-->	娱乐	5. 060	-0. 063
e27	<-->	e36	4. 793	-0. 059
e30	<-->	e35	4. 676	0. 065
e34	<-->	e35	4. 316	-0. 065
e31	<-->	e35	5. 255	0. 064
e22	<-->	娱乐	5. 641	0. 049
e22	<-->	e35	4. 056	-0. 050
e23	<-->	技术因素	5. 236	0. 049
e23	<-->	e35	5. 314	0. 051
e18	<-->	e35	5. 354	0. 051
e10	<-->	个性化	5. 387	-0. 052
e10	<-->	e35	5. 359	-0. 061
e10	<-->	e37	5. 374	0. 058
e13	<-->	e36	4. 573	0. 049
e9	<-->	e37	6. 010	-0. 072

Variances：（Group number 1 - Default model）

变量	M. I.	Par Change

Regression Weights：（Group number 1 - Default model）

变量			M. I.	Par Change
PEOU1	<---	BI1	5. 569	0. 048
PEOU1	<---	PU5	5. 080	0. 050
PEOU1	<---	ENJ1	4. 605	0. 045
PEOU2	<---	PERS3	4. 251	-0. 040

表 4-48　最优模型拟合评价

统计检验量	适配的标准或临界值	检验结果数据	模型适配判断
绝对适配度指数			
χ^2	P>0. 05（未达显著水平）	482. 213（P＝ 0. 239>0. 05）	是
RMR 值	<0. 05	0. 051	否
RMSEA 值	<0. 08（若<0. 05 优良；<0. 08 良好）	0. 012	是
GFI 值	>0. 9 以上	0. 925	是
AGFI 值	>0. 9 以上	0. 904	是
增值适配度指数			
NFI 值	>0. 9 以上	0. 967	是
RFI 值	>0. 9 以上	0. 960	是
IFI 值	>0. 9 以上	0. 999	是
TLI 值（NNFI 值）	>0. 9 以上	0. 998	是
CFI 值	>0. 9 以上	0. 998	是
简约适配度指数			
PGFI 值	>0. 5 以上	0. 717	是
PNFI 值	>0. 5 以上	0. 795	是
PCFI 值	>0. 5 以上	0. 821	是
CN 值	>200	341	是
χ^2 自由度比	<2. 00	1. 046	是

续表

统计检验量	适配的标准或临界值	检验结果数据	模型适配判断
AIC 值	理论模型小于独立模型值，且同时小于饱和模型值	750. 213<1190. 000 750. 213<14684. 369	是
CAIC 值	理论模型小于独立模型值，且同时小于饱和模型值	1397. 685<4064. 970 1397. 685<14848. 653	是

（4）模型解释。图 4-4 为最优模型图，显示了各研究变量间的关系。

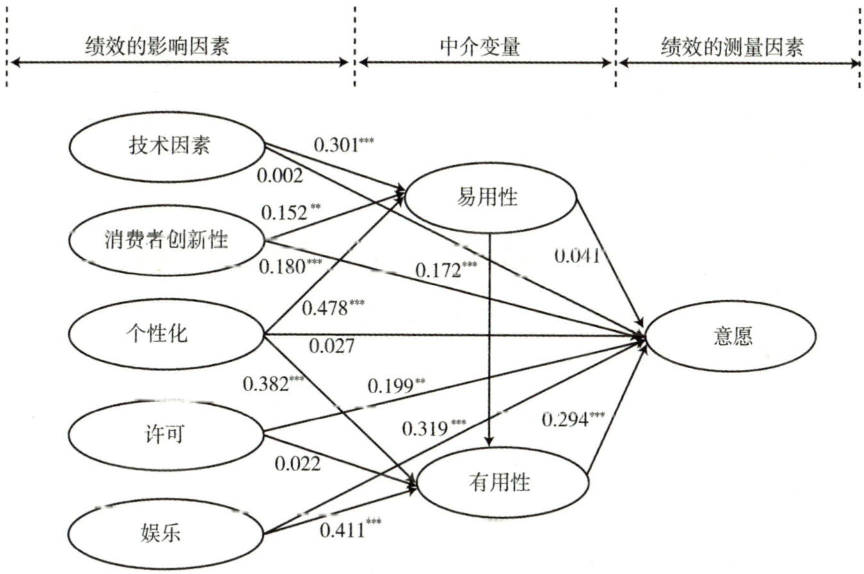

图 4-4 最优模型图及研究变量间关系

各研究变量之间的关系如表 4-49 所示。

表 4-49　模型中各潜在变量之间的直接效应、间接效应以及总效应（标准化结果）

内生变量	外生变量						
	娱乐	许可	个性化	技术因素	消费者创新性	易用性	有用性
易用性			0.478 0 0.478	0.301 0 0.301	0.152 0 0.152		
有用性	0.411[a] 0[b] 0.411[c]		0.382 0.082 0.464	0 0.052 0.052	0 0.026 0.026	0.172 0 0.172	
意愿	0.319 0.121 0.440	0.199 0 0.199	0 0.136 0.136	0 0.015 0.015	0.180 0.008 0.188	0 0.051 0.051	0.294 0 0.294

注：a 表示各个研究变量之间的直接效应；b 表示各个研究变量之间的间接效应；c 表示各个研究变量之间的总效应（直接效应+间接效应）。

根据表 4-45 所示，最后确定的模型各路径系数显著，其路径如图 4-4 所示。根据表 4-48 所示，最后确定的模型适配度良好，除了 RMR 接近 0.05 外，其他适配指标均符合适配标准，且根据表 4-47 修正指标显示，模型已不能进行进一步修正。对于最终确定的模型，AMOS 输出的各潜变量之间的直接效应、间接效应以及总效应如表 4-49 所示。

第一，直接效应（Direct Effect）。是指由原因变量（可以是外生变量或内生变量）到结果变量（内生变量）的直接影响，用原因变量到结果变量的路径系数来衡量直接效应。如利用表 4-45 最后一列的结果，娱乐到意愿的标准化路径系数为 0.319，则娱乐到意愿的直接效应是 0.319。这说明当其他条件不变时，“娱乐”潜变量每提升 1 个单位，“意愿”潜变量将直接提升 0.319 个单位。另外，娱乐对有用性的直接效应为 0.411。其他直接效应关系如表 4-49 所示，许可对易用性与有用性没有直接效应，其对意愿的直接效应为 0.199；个性化对意愿没有直接效应，其对意愿的影响通过中介变量易用性和有用性来体现，其中，个性化对易用性的直接效应为 0. 478，而对有用性的直接效应为 0. 382；技术因素对有用性与意愿均没有直接效应，其对意愿的影响通过中介变量易用性与有用性来体现，其对易用性的直接效应为 0. 301；消费者创新性对有用性没有直接影响，其对易用性的直接效应为 0. 152，其对意愿的直接效应为 0. 180；易用性对意愿没有直接效应，其对有用性的直接效应为 0. 172；有用性对意愿的直接效应为 0. 294。

第二，间接效应（Indirect Effect）。是指原因变量通过影响一个或者多个中介变量，对结果变量的间接影响。当只有一个中介变量时，间接效应的大小是两个路径系数的乘积。如利用表 4-45 最后一列的结果，娱乐到有用性的标准化路径系数是 0. 411，有用性到意愿的标准化路径系数是 0. 294，则娱乐到意愿的间接效应是 0. 411×0. 294 = 0. 121。这说明当其他条件不变时，“娱乐”潜变量每提升一个单位，“意愿”潜变量将间接提升 0. 121 个单位。其他间接效应关系如图 4-4 与表 4-49 所示。个性化对有用性的间接效应通过易用性来体现，该间接效应为 0. 082，个性化对意愿的间接效应通过易用性与有用性来体现，该间接效应为 0. 136；技术因素对有用性的间接效应通过易用性来体现，该间接效应为 0. 052，技术因素对意愿的间接效应通过易用性与有用性来体现，该间接效应为 0. 015；消费者创新性对有用性的间接效应通过易用性来体现，该间接效应为 0. 026，消费者创新性对意愿的间接效应通过易用性与有用性来体现，该间接效应为 0. 008；易用性对意愿的间接效应通过有用性来体现，该间接效应为 0. 051。

第三，总效应（Total Effect）。由原因变量到结果变量总的影响，它是直接效应与间接效应之和。如利用直接效应与间接效应中的结果，娱乐到意愿的直接效应为 0. 319，娱乐到意愿的间接效应为 0. 121，则娱乐到意愿的总效应为 0. 319+0. 121 = 0. 440。这说明当其他条件不变时，“娱乐”潜变量每提升 1 个单位，“意愿”潜变量总共将提升 0. 440 个单位。其他总效应如图 4-4 与表 4-49 所示，娱乐对有用性的总效应为 0. 411；许可对意愿的总效应为 0. 199；个性化对易用性的总效应为 0. 478，对有用性的总效应为 0. 464，对意愿的总效应为0.136；技术因素对易用性的总效应为0.301，对有用性的总效应为0.052，对意愿的总效应为0.015；消费者创新性对易用性的总效应为0.152，对有用性的总效应为0.026，对意愿的总效应为0.188；易用性对有用性的总效应为0.172，对意愿的总效应为0.051；有用性对意愿的总效应为0.294。

结合上面的各种效应关系，可以看出，在影响移动营销绩效的五个因素中，个性化与技术因素对意愿没有直接影响，它们对意愿的影响通过中介变量的易用性与有用性来实现。娱乐对意愿的总体影响最大，总效应达到0.440，其后依次为许可、消费者创新性、个性化与技术因素，其值分别为0.199、0.188、0.136、0.015。因此，企业要想让自己所开展的移动营销取得良好绩效，首先要加强移动营销信息与活动的娱乐性，以此增强消费者的接受与参与性。

（5）研究假设检验。本部分对研究假设H1～H14进行检验，研究假设的检验情况如表4-50所示。可以看出，这14个假设只有H1、H6、H9、H12四个假设没有得到支持，其他假设均得到了支持，以下将对每个假设的检验情况进行具体的分析。

表4-50 研究假设的检验

假设	标准化的参数估计值	T值	检验结果
H1：技术因素对意愿有正向的显著影响	0.002	0.031	否定
H2：技术因素对易用性有正向的显著影响	0.301	4.070***	支持
H3：消费者创新性对易用性有正向的显著影响	0.152	2.215**	支持
H4：消费者创新性对意愿有正向的显著影响	0.180	3.810***	支持
H5：个性化对易用性有正向的显著影响	0.478	7.382***	支持
H6：个性化对意愿有正向的显著影响	0.027	0.297	否定
H7：个性化对有用性有正向的显著影响	0.382	4.811***	支持
H8：许可对意愿有正向的显著影响	0.199	2.580**	支持
H9：许可对有用性有正向的显著影响	0.022	0.312	否定

续表

假设	标准化的参数估计值	T值	检验结果
H10：娱乐对意愿有正向的显著影响	0.319	3.510***	支持
H11：娱乐对有用性有正向的显著影响	0.411	6.013***	支持
H12：易用性对意愿有正向的显著影响	0.041	0.703	否定
H13：有用性对意愿有正向的显著影响	0.294	4.532***	支持
H14：易用性对有用性有正向的显著影响	0.172	3.526***	支持

注：**表示 P<0.05，***表示 P<0.001。

第一，技术因素与意愿的关系。本书假设技术因素对意愿有正向的显著影响（H1）。表 4-50 的数据显示，技术因素对意愿的标准化路径系数为 0.002，未达到显著水平（T 值=0.031，P>0.05），假设 H1 不成立。这表明技术因素与企业移动营销绩效或消费者接受意愿并没有直接的关系，而有可能通过中介变量产生间接关系。在移动通信技术或手机设备技术很好的情况下，消费者并不一定愿意接受企业的移动营销活动，即企业的移动营销活动并不一定能取得良好绩效。

第二，技术因素与易用性的关系。本书假设技术因素对易用性有正向的显著影响（H2）。表 4-50 的数据显示，技术因素对易用性的标准化路径系数为 0.301，达到显著水平（T 值=4.070，P<0.001），假设 H2 获得支持。表明技术因素对移动营销活动的感知易用性有很强的正的影响，也就是说市场的移动通信技术及手机设备等技术越高，消费者觉得移动营销活动越简单，越容易参与，则企业的移动营销活动就越有可能取得良好绩效。

第三，消费者创新性与易用性的关系。本书假设消费者创新性对易用性有正向的显著影响（H3）。表 4-50 的数据显示，消费者创新性对易用性的标准化路径系数为 0.152，达到显著水平（T 值=2.215，0.001<P<0.05），假设 H3 获得支持。这表明消费者创新性对移动营销活动的感知易用性有很强的正向关系，也就是说创新性越强的消费者越觉得移动营销活动容易理解、容易参与，企业的移动营销活动就越有可能取得良好绩效。

第四，消费者创新性与意愿的关系。本书假设消费者创新性对意愿有正向显著影响（H4）。表 4-50 的数据显示，消费者创新性对意愿的标准化路径系数为 0. 180，达到显著水平（T 值=3. 810，P<0. 001），假设 H4 获得支持。表明消费者创新性对移动营销活动的接受意愿有很强的正的影响，也就是说企业针对创新性强的消费者开展移动营销活动更容易取得良好绩效。

第五，个性化与易用性的关系。本书假设个性化对易用性有正向的显著影响（H5）。表 4-50 的数据显示，个性化对易用性的标准化路径系数为 0. 478，达到显著水平（T 值=7. 382，P<0. 001），假设 H5 获得支持。这表明个性化对移动营销活动的感知易用性有很强的正向关系，也就是说移动营销活动与消费者的相关性越强，消费者越觉得它容易理解、容易参与，因为消费者对与自己相关的东西越熟悉，从而提升企业移动营销活动绩效。

第六，个性化与意愿的关系。本书假设个性化对意愿有正向的显著影响（H6）。表 4-50 的数据显示，个性化对意愿的标准化路径系数为 0. 027，未达到显著水平（T 值=0. 297，P>0. 05），假设 H6 不成立。这表明移动营销信息或营销活动的个性化与消费者接受意愿并没有直接的关系，即哪怕移动营销活动与消费者本身相关，但如果消费者不觉得它有用或者活动本身不容易参与，消费者也不一定愿意接受企业的移动营销活动，即企业的移动营销活动并不一定能取得良好绩效。

第七，个性化与有用性的关系。本书假设个性化对有用性有正向的显著影响（H7）。表 4-50 的数据显示，个性化对有用性的标准化路径系数为 0. 382，达到显著水平（T 值=4. 811，P<0. 001），假设 H7 成立。这表明移动营销信息或营销活动的个性化与消费者对移动营销活动的感知有用性有较强的正向影响，即移动营销活动与消费者的关联性越强，消费者越觉得它有用，企业的移动营销活动就越有可能取得良好绩效。

第八，许可与意愿的关系。本书假设许可对意愿有正向的显著影响（H8）。表 4-50 的数据显示，许可对意愿的标准化路径系数为 0. 199，达到显著水平（T 值=2. 580，0. 001<P<0. 05），假设 H8 获得支持。这表明许可

对移动营销活动的接受意愿有很强的正向影响，也就是说消费者更愿意参与那些提供许可条件的移动营销活动，即企业在开展移动营销活动时如果提供许可条件，更容易获得良好绩效。

第九，许可与有用性的关系。本书假设许可对有用性有正向的显著影响（H9）。表4-50的数据显示，许可对有用性的标准化路径系数为0.022，未达到显著水平（T值=0.312，P>0.05），假设H9不成立。这表明许可与消费者对移动营销活动的感知有用性之间并没有直接的关系。而且从实际的角度来看，许可与有用性之间的关系不强，即有时哪怕移动营销活动提供许可条件，或者是经过消费者许可而发送的，但如果企业发送信息时不考虑消费者在特定情境下的需要，则消费者也不一定觉得它有用。

第十，娱乐与意愿的关系。本书假设娱乐对意愿有正向的显著影响（H10）。表4-50的数据显示，娱乐对意愿的标准化路径系数为0.319，达到显著水平（T值=3.510，P<0.001），假设H10获得支持。这表明娱乐对移动营销活动的接受意愿有很强的正向关系，也就是说消费者更愿意参与那些娱乐性较强的移动营销活动，即企业所开展的移动营销活动娱乐性越强，则营销活动越容易取得良好绩效。

第十一，娱乐与有用性的关系。本书假设娱乐对有用性有正向的显著影响（H11）。表4-50的数据显示，娱乐对有用性的标准化路径系数为0.411，达到显著水平（T值=6.013，P<0.001），假设H11获得支持。这表明娱乐与消费者对移动营销活动的感知有用性有很强的正向关系，也就是说移动营销活动的娱乐性越强，消费者越觉得它有用，从而越愿意参与企业移动营销，进而提升企业移动营销绩效。

第十二，易用性与意愿的关系。本书假设易用性对意愿有正向的显著影响（H12）。表4-50的数据显示，易用性对意愿的标准化路径系数为0.041，未达到显著水平（T值=0.703，P>0.05），假设H12不成立。这表明消费者对移动营销活动的感知易用性与企业移动营销绩效或消费者接受意愿并没有直接的关系，在消费者觉得移动营销活动很容易理解、参与的情况下，也并不一定愿意接受企业的移动营销活动，即企业的移动营销活动并不一定能取得良好绩效。

第十三，有用性与意愿的关系。本书假设有用性对意愿有正向的显著影响（H13）。表 4-50 的数据显示，有用性对意愿的标准化路径系数为 0.294，达到显著水平（T 值=4.532，P<0.001），假设 H13 获得支持。这表明消费者如果觉得移动营销活动有用，则更愿意参与该活动，从而促使企业移动营销绩效的提升。

第十四，易用性与有用性的关系。本书假设易用性对有用性有正向的显著影响（H14）。表 4-50 的数据显示，易用性对有用性的标准化路径系数为 0.172，达到显著水平（T 值=3.526，P<0.001），假设 H14 获得支持。这表明消费者如果觉得移动营销活动容易理解、参与，则认为该营销活动或营销信息越有用，从而越愿意参与移动营销，进而提升企业移动营销绩效。

5 结论

本章分为四节。首先根据第 4 章的实证研究，总结研究结果；其次再说明本书对营销理论发展的贡献和管理实践的意义；最后针对本书的不足，明确未来进一步研究的方向。

5.1 研究结果

移动营销最近几年在企业界得到了普遍认同并付诸实践，尤其是在餐饮业及零售业。但事实上却是移动营销为企业带来的效果并不是很理想，有很多企业甚至由于移动营销方式设计得不合理，进而不断招来消费者的投诉，这无疑对企业的形象是非常不利的。而且许多研究表明，大多数消费者对这种营销方式的参与意愿并不高。正因为如此，研究者也对这一新的营销方式的研究投入了较大热情，希望能找到提升企业移动营销绩效的途径，找到阻碍消费者接受移动营销的原因。但是，研究者在研究结论中却出现了较多的不一致，这在前面章节已有阐述。

本书在前人研究的基础上，对移动营销的发展进行了概述，总结了其主要应用方式及现存的问题，然后以技术因素、消费者创新性、个性化、许可、娱乐为前置因素，将有用性与易用性作为中介变量，构建了一个移动营销绩效的影响因素模型，并以中国消费者为实证样本进行实证研究，获得了一些有价值的研究结果。本书的研究结果主要体现在以下五个方面：①对移动营销进行概述，探讨了移动营销的主要应用工具及现存的主要问题；②构建了移动营销绩效影响因素的假设模型；③确定了中国情境下的研究量表；④对被调查者基本情况及研究变量进行统计分析；⑤检验了移动营销绩效的影响因素与测量因素之间的关系。具体总结如下。

5.1.1 对移动营销的发展进行了概述

本部分结合理论与实践，对移动营销的发展阶段、移动营销的主要特点、移动营销的主要应用工具及现存问题进行了充分陈述，以帮助企业认清形势，找到自身的不足，探讨解决办法。研究发现，目前移动营销的主要应用形式有：短信营销、彩信营销、手机视频广告、WAP营销、手机游戏营销、彩铃营销、信息名址互动营销、二维码营销、手机微博营销、APP营销及微信营销等，并针对每一种应用形式举了相应的例子进行分析，以指导企业开展移动营销。研究还发现，尽管移动营销发展迅速，但在发展过程中还存在许多问题，如垃圾短信泛滥，专业营销队伍缺乏，服务资费过高，用户忠诚度不高，安全、隐私问题突出，营销内容不丰富，价值链尚未有效形成及消费者的认知不足等，因此需要各方做出努力，并寻找解决问题的办法，以提升企业移动营销绩效。

5.1.2 构建了移动营销绩效影响因素的假设模型

本书在文献综述的基础上，结合移动营销概述中提出的问题，构建了本书中实证研究部分的假设模型，这既是本书实证研究部分的基础，也有助于其他学者用不同的数据对假设模型进行检验。

5.1.3 确定了适合用于度量中国消费者的研究量表

本书中所涉及的技术因素、消费者创新性、个性化、许可、娱乐、有用性、易用性、意愿等变量，这些变量的研究都起源于西方，其研究量表也是根据西方经济制度和文化环境情况而设计的，具有明显的西方文化特征。如果本书不加任何检验就直接采用这些量表进行研究，就会得出错误的结论。因此，必须在保持原量表本质含义的基础上，对这些量表进行“中国本土化”的修改，以符合中国文化的特点，达到对中国消费者进行准确度量的目的。据此，本书在文献研究中所用量表的基础上，重新开发出新的量表，并对量表进行预试与调整，最后确定的正式量表通过实证方法检验，其结果为：

（1）技术因素量表。该量表共有四个度量题项。实证结果显示，该量表的内部一致性较高，信度较好；具有较强的会聚效度，结构效度较好。该量表适合用于对中国消费者进行技术因素的度量。

（2）消费者创新性量表。该量表共有五个度量题项。实证结果显示，该量表的内部一致性较高，信度较好；具有较强的会聚效度，结构效度较好。该量表适合用于对中国消费者进行消费者创新性的度量。

（3）个性化量表。该量表共有五个度量题项。实证结果显示，该量表的内部一致性较高，信度较好；具有较强的会聚效度，结构效度较好。该量表适合用于对中国消费者进行个性化的度量。

（4）许可量表。该量表共有三个度量题项。实证结果显示，该量表的内部一致性较高，信度较好；具有较强的会聚效度，结构效度较好。该量表适合用于对中国消费者进行许可的度量。

（5）娱乐量表。该量表共有四个度量题项。实证结果显示，该量表的内部一致性较高，信度较好；具有较强的会聚效度，结构效度较好。该量表适合用于对中国消费者进行娱乐的度量。

（6）易用性量表。该量表共有四个度量题项。实证结果显示，该量表的内部一致性较高，信度较好；具有较强的会聚效度，结构效度较好。该量表适合用于对中国消费者进行易用性的度量。

（7）有用性量表。该量表共有五个度量题项。实证结果显示，该量表的内部一致性较高，信度较好；具有较强的会聚效度，结构效度较好。该量表适合用于对中国消费者进行有用性的度量。

（8）意愿量表。该量表共有四个度量题项。实证结果显示，该量表的内部一致性较高，信度较好；具有较强的会聚效度，结构效度较好。该量表适合用于对中国消费者进行意愿的度量。

总之，本书采用的量表虽然源于国外，但经过适当修改后，已符合中国文化特征，且具有相当高的信度和效度水平，适合用于对中国消费者进行测量。

5.1.4 对消费者的基本情况及研究变量进行统计分析的结果

中国消费者与西方消费者存在较大的差异，为了了解中国消费者对企业移动营销的认知及接受情况，本书采用了描述性统计分析方法对样本进行了分析，其结果为：

（1）消费者的个人基本情况分析。大部分被调查者的手机使用年限介于3~4年，占总人数的39.6%；另外，比例较高的是使用年限介于1~2年的被调查者，占总人数的34.6%。由于被调查者为大学生，学生的可支配收入较少，因此相对于参加工作的人士，学生的手机月消费额要明显偏少，但是由于大学生受教育程度较高，因此是手机服务消费的一个非常重要的潜在消费群体，他们的消费意愿将对今后的消费产生非常大的影响。绝大多数被调查者都具有手机上网的经历，这也表明他们在某种程度上对手机增值服务有一定程度的了解，不至于对移动营销活动过于陌生，从而保证了调查数据的合理性。不过，由于大学生的经济收入水平有限，大部分被调查者所使用的手机为普通手机，占总人数的52.2%，由于手机功能的限制，从而在某种程度上影响了他们对手机增值服务的使用。调查结果还显示，男性高端手机拥有率明显高于女性。

（2）研究变量的描述性统计分析。

第一，技术因素。整体来看，企业开展移动营销活动所处的技术环境不够理想，关键问题在于目前消费者用手机上网时的网络技术不够理想，如手机上网时不够稳定、上网速度较慢等。要改善这种状况，需要政府、运营商及相关机构在移动通信技术领域加大投资和创新，保证移动网络环境的稳定性和安全性，以促进移动营销这一新的营销方式更好地发展。

第二，消费者创新性。整体来看，被调查者的创新性不强，主要反映在消费者不喜欢购买新商品，并不总是努力获取新的信息，不总是努力关注市场上的最新技术，并不总是比朋友先尝试使用某种新产品，从而影响了其参与移动营销的意愿。但消费者的创新性不是单靠企业才能提升的，这与文化、家庭影响、个性都有关系，因此企业应尽可能地选择创新性较强的消费者来开展移动营销，对创新性较弱的消费者应考虑将移动营销与传统营销结合起来进行，这样企业取得良好营销绩效的可能性就越大。同时，企业还可以通过设计一些与用户共创的营销活动，来刺激创新型消费者在各自社交圈里发挥参照群体的作用，带动保守型消费者一起参与移动营销活动。

第三，个性化。整体来看，消费者觉得目前企业所提供的移动营销信息与消费者的关联度不够，主要表现在企业所发送的移动广告不符合消费者的需要，企业所发送的移动广告与消费者所要购买的商品相关性不强，企业所发送的移动广告与消费者的购买时间相关性不强，企业所发送的移动广告与消费者的购买地点相关性不强，企业所发送的移动广告与消费者的兴趣相关性不强等，从而影响了消费者的接受意愿。所以，企业应仔细分析造成移动营销活动与信息个性化不强的原因，是主观上对消费者的忽视（如根本就未考虑消费者的需求），还是客观上所依赖的消费者数据库不准确或过时所造成的，然后在此基础上对企业的移动营销策略做出调整，并围绕消费者来设计移动营销活动，才更容易取得良好绩效。企业只有针对性地向消费者推送产品和服务，提供个性化体验，才能更好地、更有效地唤起消费者的移动购物意愿。

第四，许可。整体来看，消费者觉得企业的移动营销信息或活动给消费者提供的许可不够，主要表现在企业发送的短信广告并不总是提供退订条件，企业发送的彩信广告并不一定可以退订，企业提供的商业广告并不一定是消费者许可接收等。这种状况使消费者觉得企业没有给消费者以充分的选择自由，以选择是否接收移动营销信息，而是强迫消费者接收，因而不少消费者将类似信息称为“垃圾信息”。长此以往，必定会给企业的形象带来极其负面的影响。不管是哪种形式的移动广告，如果没有得到消费者的许可，都很有可能引起消费者的反感。因此要想真正让消费者接受企业的移动营销活动与信息，企业首先应获得消费者的许可，并为其提供退订的方式，这样企业的移动营销活动才更有可能取得良好绩效。

第五，娱乐。整体来看，消费者觉得企业所设计的移动营销信息与移动营销活动的娱乐性不强，主要表现在企业所提供的短信广告并不能让消费者觉得兴奋，企业所提供的彩信广告并不能让消费者觉得愉快，消费者觉得企业所提供的手机游戏广告无趣，企业手机网站上的广告不能让消费者觉得愉快等，这与消费者的“娱乐”天性背道而驰。而且现实中许多情况表明，大多数消费者已经将手机看作一种娱乐工具，并且对增值服务的使用一般是在其闲暇时间娱乐用。所以企业要在营销信息与活动的娱乐上加大功夫，从而使消费者为了娱乐，而愿意接受和参与企业的移动营销活动，进而提升企业移动营销绩效。如企业可以鼓励消费者通过参加指定的游戏并获得升级，游戏得分按比例累积加分到购物卡积分或奖励用户现金优惠券，以这样一个游戏和购物同时进行的方式吸引消费者参与到移动营销活动中来。又或者是，企业通过鼓励消费者在线上参与产品设计而获得购买大优惠的方式来增加顾客的娱乐性体验，从而满足消费者的娱乐需求。

第六，易用性。整体来看，消费者觉得企业的移动营销活动的易用性较差，主要表现在消费者觉得企业的移动营销活动不是很容易理解，企业的移动营销活动不是很容易参与，企业提供的移动短信优惠券方式不是很容易学习，企业所提供的移动营销活动对消费者来说不是很容易精通等。由于易用性是从消费者的感知上来测量的，因此企业应首先分析消费者对移动营销活动感知易用性较差的原因，是企业所设计的移动营销方式和内容过于复杂造成的，还是因为消费者缺乏相关方面的知识而造成的。如果是前者，则企业应加大营销活动与信息简化的力度；除此之外，在消费者对移动营销这一新的营销模式并不熟悉的情况下，企业还可以将移动营销活动的语言信息通俗化，并使其更好地适应人们的语言理解习惯。如果是后者，则应加强消费者移动营销知识的宣传与教育，从而使消费者更好地熟悉各种各样的移动营销方式，进而提高他们接受与参与移动营销活动的积极性，以提升企业移动营销绩效。

第七，有用性。整体来看，消费者觉得目前企业的移动营销活动和信息对自己没有多大作用，主要表现在消费者觉得企业的移动营销不能为消费者省钱，企业的移动营销并不能为消费者节省购物时间，企业的移动营销并不能帮助消费者提升购买决策的准确性，企业的移动营销并不能提升消费者的购买效率，企业提供的短信广告对消费者来说没有多大作用等。所以，企业应在移动营销信息及活动的有用性上加大功夫，如简化移动销售平台的界面设计以及交付程序，根据顾客浏览商品的频率等数据信息提供相关的产品和服务，实现精准营销，从而降低消费者的时间成本，提高消费者的购买效率。设计的移动营销要确实能为消费者提供某种程度的帮助，甚至帮他们省钱，这样消费者才愿意接受移动营销，从而保证企业移动营销取得良好绩效的可能性。

第八，意愿。整体来看，消费者对移动营销的接受意愿较弱，主要表现在消费者不愿意接收移动广告信息，消费者不会阅读所有收到的移动广告信息，消费者使用移动营销服务的意愿不高，消费者以后不一定会登录企业手机网站查阅商品信息等。这也提醒企业要使移动营销获得成功，就必须让消费者接受和参与这一新兴的营销方式，就必须从前面整体描述的几个方面做出努力，否则企业在移动营销方面的巨大投入并不一定能够带来理想的回报。

从上面的论述中可以看出，被调查者觉得中国整体的移动通信技术环境不够理想；企业所提供的移动营销活动及营销信息个性化不强、娱乐性较弱；企业往往未经消费者的许可随便向消费者发送信息。另外，被调查者的创新性不强，被调查者觉得企业的移动营销活动不容易理解与参与，而且不能给消费者带来实质性的作用。所有这些因素最终导致消费者参与企业移动营销活动和接受移动营销信息的意愿较弱，这就表明如果企业不从以上提到的几个方面努力的话，那么开展移动营销活动取得良好绩效的可能性将比较小。

5.1.5 技术因素、消费者创新性、个性化、许可、娱乐、易用性、有用性与意愿之间的关系

实证研究部分在相关研究的基础上，经过理论的推演，构建了移动营销绩效影响因素的理论模型，然后以中国消费者为实证样本，采用结构方程模型方式对理论模型进行了验证。结果显示，该模型具有很高的拟合度，理论模型基本获得验证。各个研究变量之间的关系如图 5-1 所示。

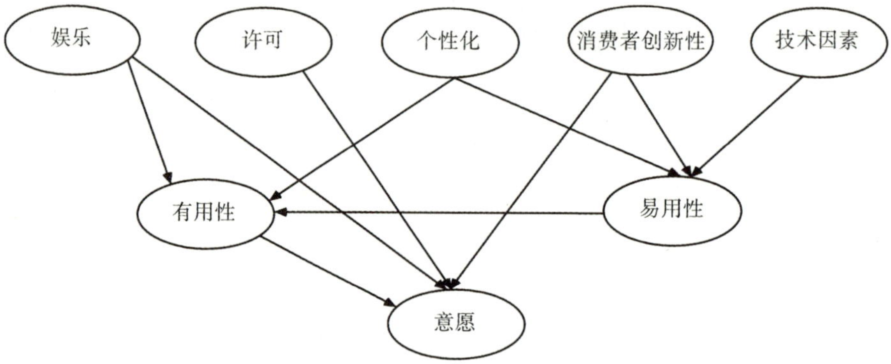

图 5-1　各个研究变量之间的关系

各个研究变量之间的关系分析如下：

（1）技术因素对意愿没有直接影响，而是通过易用性和有用性对意愿形成间接影响。本书发现，技术因素对意愿没有直接影响，而是通过易用性和有用性才会对意愿形成间接影响。技术影响移动广告接受意愿、技术影响移动营销的易用性，消费者的手机设备技术影响了移动广告的接受意愿，而无线通信行业技术则在另外一个方面对之产生影响。发展技术如手机的智能技术、更快的连接速度、更精确的位置感知，使得移动营销不管是对企业还是消费者均具有相当大的吸引力。

该结果初步揭示出技术因素与消费者意愿之间的作用机理：通过提升市场上的移动通信技术，使消费者手机上网时更稳定或者速度更快，或者衔接相关的界面更方便等，从而使消费者觉得查阅企业移动广告或者参与企业移动营销活动更容易，进而对感知有用性形成一定的影响，从而间接地影响到其接受移动营销的意愿。通过提升移动安全技术，减少消费者参与移动商业活动的顾虑，从而提升参与移动营销的意愿。这样企业的移动营销活动就更容易取得良好绩效。因此企业要想自己的移动营销取得良好绩效，还得促进政府、移动运营商及相关机构来提升整个市场的移动通信技术水平。

（2）消费者创新性一方面对意愿产生直接影响，另一方面通过易用性与有用性对意愿产生间接影响。本书发现，消费者的创新性一方面对意愿产生直接影响，另一方面通过易用性与有用性对意愿产生间接影响。也就是说，个体创新性越高，对新技术的采纳也就越积极。

该结论表明，创新性越强的消费者，就越觉得移动营销容易理解、容易参与，因此企业在采用移动营销这一新型营销方式时应考虑目标消费者的创新性。只有针对创新性较强的消费者开展移动营销活动，企业的移动营销才能取得良好绩效。

（3）个性化对意愿没有直接影响，而是通过易用性与有用性来对意愿产生间接影响。本书发现，个性化对意愿没有直接的影响，而是通过易用性与有用性来对意愿产生间接影响。

该结果表明，企业提供的移动营销活动与信息的个性化越强，内容越与消费者相关，消费者的感知易用性与感知有用性均会越强，从而间接地促使其越愿意接受移动营销，以提升移动营销绩效。这要求企业在设计移动营销时应充分考虑消费者的时间、位置、兴趣等相关信息。

（4）许可对意愿产生直接影响。本书发现，企业移动营销活动或信息的许可性直接影响到消费者对移动营销的接受意愿。

该结果表明，企业在征得消费者许可的前提下所发送的移动广告或其他信息，将更受消费者的欢迎。也就是说企业在设计移动营销时，可通过消费者的一个简单注册来获得消费者的许可，或者在实施营销活动和发送营销信息时为消费者提供一定的退订条件，这样消费者接受和参与移动营销的意愿才会更高，进而提升企业移动营销绩效。

（5）娱乐对意愿产生直接影响，并通过有用性对意愿产生间接影响。本书发现，娱乐对意愿产生直接影响，并通过有用性对意愿产生间接影响。也就是说，如果消费者认为移动广告是有趣的或者是有用的，他们更有可能接受或使用移动广告。

该结果表明：企业如果将移动营销活动或信息设计得娱乐性较强时，一方面可以直接激发消费者的接受意愿，另一方面消费者觉得这些活动与信息对自己比较有用，从而间接地影响到消费者的接受意愿。因此，企业在开展移动营销时，在移动短信广告、彩信广告、手机游戏广告、微信营销、APP营销的设计方面，都应想办法增添一些娱乐元素，从而提升消费者的参与热情，进而提升企业移动营销绩效。

（6）易用性通过有用性对意愿产生间接影响，有用性对意愿产生直接影响。本书发现，易用性通过有用性对意愿产生间接影响，有用性对意愿产生直接影响。当使用者觉得移动营销对他们的财务或者交易上有帮助时，他们更愿意接受与参与移动营销活动。该结果揭示出在移动营销领域，消费者的感知易用性与消费者意愿之间的关系：当消费者觉得企业的移动营销活动更容易理解、更容易参与时，也会觉得它们更有用，这样他们接受移动营销的意愿也就更高，企业的移动营销也越有可能取得良好绩效。

这一作用机理说明，企业一方面可将移动营销活动设计得较为简单，并通过提升消费者的感知易用性来提升消费者的感知有用性，进而间接促进消费者对移动营销的接受与采纳；另一方面还可通过直接提升移动营销活动的有用性来达到促进消费者接受移动营销的目的。也就是说，消费者的感知有用性才是提升消费者意愿的关键和必要环节，并对消费者的接受意愿及企业移动营销绩效起到了决定性作用。

5.2 理论贡献

本书鉴于理论研究中的分歧与现实的发展，将易用性与有用性整合于移动营销绩效的影响因素与移动营销绩效的测量因素关系的研究之中，分别从技术、消费者、营销三个方面探讨影响移动营销绩效的因素，构建了一个移动营销绩效的影响因素模型。可以对现有的移动营销理论做出一定的扩展与补充，具体表现在以下几个方面：

（1）从消费者意愿的角度来测量营销绩效。传统的研究营销绩效的文献主要从财务指标（如净利润、销售利润率和投资回报率）以及市场性指标（如销售增长率、新产品开发和市场拓展）来衡量（Covin & Slevin，1991；Morrison & Roth，1992；Dess ，Lumpkin，Covin，1997）。本书主要从消费者意愿的角度来测量移动营销的绩效，不同于以往有关移动营销的研究。

（2）提出了企业移动营销能力的研究。前人在研究移动营销的影响因素时，更多地从技术因素、风险因素等方面进行研究，本书则对企业移动营销能力进行了研究，本书认为企业要提升移动营销绩效，应下大力气提升自身的移动营销能力与设计水平，着重从提升移动营销活动的个性化、娱乐性、许可水平等方面着手。

（3）增加了消费者创新性及其对易用性的影响。由文献综述部分可以看出，其他技术接受研究领域表明，消费者创新性对消费者的接受意愿具有显著性影响，但对移动营销绩效是否产生影响？尚需进一步探讨。所以本书将其纳入到移动营销绩效的研究中，将消费者创新性作为易用性的前因变量，并通过中国消费者样本对其进行验证。实证研究表明，易用性与有用性是技术因素、消费者创新性、个性化与意愿之间关系的中介变量；有用性是个性化、娱乐与意愿之间关系的中介变量。该研究发现从某种程度上对现有的移动营销理论形成了一定的补充。

5.3 实践建议

本书为移动营销企业及相关各方提出了一些实践指导建议。

5.3.1 应加强移动技术创新

本书的实证研究结果表明，技术因素对易用性产生影响，并通过有用性对消费者意愿产生影响，从而影响企业移动营销绩效。因而，移动技术创新可以改善移动营销绩效。通过技术创新，新的技术转化为新型产品、新型服务，可以创造出全新的需求概念和需求市场。信息产业正是具有这样的特点：信息技术发展呈波浪式前进，信息企业的获利能力取决于它能否预见到下一次技术变革浪潮的到来，以及如何在技术、生产、营销方面做好充分准备。在这个行业中，没有一种产品能够长期立足于市场而不被淘汰。对信息企业而言，把握未来是极其重要的，正如我国学者虞有澄博士说："必须能清楚明白地规划未来产品，要有超越市场的前瞻性。"因此，只有依靠技术创新，不断地开发出新产品，创造出新的需求领域，移动营销才能比传统营销创造出更有价值的、更高效的营销方式。如 LBS（location based service）基于位置的一些服务，像小区广播，就是 LBS 服务的一种小范围的定位服务；像 GPS 定位，一个用户在王府井大街，从这个店出来，过了马路可能就是另外一个商家或几个商家将你定位了，那就完全是另外一个世界了。这些都是移动技术特有的，是其他传统营销方式没有的。移动营销还与具体爱好相关，依据技术能推出用户所使用的手机机型是高端的还是时尚的；同时还能根据卡的属性知道用户使用的是动感地带、神州行还是全球通。另外，借用移动技术，还可以根据用户以前的消费记录，建立一个精准的数据库。移动技术创新主要包括以下几个方面：

（1）手机终端创新。

首先，要加大手机定制的力度，统一生产标准。由于全球移动设备生产厂商的生产标准不尽相同，各个国家和地区均有自己的生产标准，这就导致生产的移动设备存在兼容问题。由于移动设备的屏幕大小和分辨率、字体、图像格式大小各异，当信息发送到设备上时，一旦移动设备不能正常接收或接收不完全，则对移动营销的效果影响很大。所以移动运营商应加紧定制手机的开发，来解决手机终端标准不统一的问题。

其次，改善显示屏和数据输入方法。分辨率较高的显示屏以及具有条形码阅读功能会使移动设备增加用户的友善性。另外，狭小的显示屏和烦琐的数据输入方法也是目前限制移动因特网易用性和功能性的主要障碍，因此需要在此方面做出较大突破。虽然我国目前有智能语言输入，但用户体验并不是太好。企业与政府应加强智能终端语音输入技术的研发，提升智能语音输入的准确性与操作便捷性。

（2）开发多样化的移动数据业务。中国在 2G 网络到 4G 网络，陆续推出了很多非常受用户欢迎的移动数据业务。移动增值业务和服务也越来越多，从短信、彩信、彩铃、手机上网（WAP）、无线音讯互动服务（IVR）到手机游戏、手机电视、移动支付、移动 IM、移动电邮、位置服务、二维条码、微信，种类越来越多，内容也越来越丰富，但与即将到来的 5G 高数据传输率的应用需求相比，还显得十分不足。

目前，我国运营商主要推广的业务方向也涉及多媒体，除了这些外，尤其要在提高用户语音和语音增值业务消费的同时，利用目前 4G 带宽优势及 5G 应用的潜在需求，为用户提供个性化、形式多样的数据业务，满足用户对信息化服务的更高层次的需求，包括更多的信息服务和备用带宽的服务等。

（3）制定行业技术标准。从移动通信业的发展轨迹来看，在我国的移动通信业务发展刚起步时，第一代和第二代移动通信的标准都处于成熟发展期，而且这些技术标准均掌握在外国公司手中，我国的产品难以与外国公司竞争，市场绝大部分被国外公司垄断。移动通信的标准不只是技术问题，同时也是整个信息产业发展的问题，谁掌握了标准，就等于掌握了它的核心技术，就可以率先研究商用产品、开拓和培养潜在的市场，从而带动整个制造业在此领域的跟进，拥有可持续发展的空间。因此，移动通信企业应依靠自有知识产权，建立一套事实的行业标准。因为一旦此种标准得以确立，市场将完全受到该标准的垄断，从而可以克服信息商品生命周期形态不够理想的缺陷，确立起市场主导者的地位。如应抓紧制定移动广告的技术指标，以及5G时代下需要的其他技术标准，以迎接5G的到来。未来的5G时代应该是在新的行业标准下，手机使用更便捷，进一步实现生活与工作随时随地化。

（4）安全技术的开发。随着移动互联网技术的迅速发展，移动终端得到了广泛的应用，并且在功能上不断扩展。伴随着移动终端智能化及网络宽带化的趋势，移动互联网业务层出不穷、日益繁荣。与此同时，移动终端也面临着各种安全威胁，如网络窃听、网络攻击、物理访问、恶意应用等，移动终端的安全面临着严峻挑战。毕竟数据的安全不仅会触碰到个人的隐私，关键数据的泄露更会阻碍企业快速发展。移动营销时代最大的入口安全主要还在于移动设备的安全。当然，移动设备上承载的除了用户的个人信息外，企业的若干数据也会因为使用需求的原因存储在员工移动设备中。而网络黑客通过以点破面的方式进行攻击，从防护相对薄弱的个人设备着手打通企业数据防护的漏洞，这对于公司及社会的影响将是巨大的。

尽管目前全球使用的具有数据传输能力的移动设备达到了数百万之众，但是这些设备几乎没有什么安全机制。随着越来越多的人采用移动设备，其安全隐患也开始引起人们的重视。因此，技术上，可以由中国移动、中国联通及中国电信等运营商设置安全警戒线，对每条手机短信的内容进行过滤并监控，经监控日发送流量大大超过正常发送量（一般群发短信的日发送量都在万条以上）的进行严格审查。手机制造商对于垃圾短信的屏蔽和短信防火墙功能产品的开发也可以从接收末端上给予技术支持。合法手机广告运营商的接入代码资料库可以与手机移动运营商建立相关协作，配套整合、即时更新，使用户手机在接收代码发送的短信时自动搜索查找，没有登记的代码被自动屏蔽。另外，也要抓紧制定移动设备连接互联网，以及进行数据共享时的安全机制，防止用户与企业信息的泄露，保证用户与企业的信息安全与财产安全。

5.3.2　应加强营销创新

对于技术与移动营销的相互关系，两个环节都非常重要。移动技术推动了移动营销的发展。如短信技术，从技术角度讲，如果短信到现在还没有汉字，或者没有好的汉字输入法，老百姓都不会用，就形不成市场上这样一个消费习惯和消费人群，那移动营销也做不成。有了技术的推动，移动营销自身也必须不断创新，才能促进这个市场空间的不断扩大。另外，根据前文实证研究结果，营销因素个性化、许可与娱乐均在某种程度上对消费者意愿产生直接的或者间接的影响，进而影响到企业移动营销绩效。因此，积极的营销创新可以改善企业移动营销绩效。具体可以从以下几个方面着手。

（1）营销信息的创新。现在所有的移动营销工作都面临一个同样的问题，即向消费者传递何种信息，既能保证营销工作的有效开展，又能使消费者乐于接受。信息内容的好坏或是消费者感观上的判断对消费者的行为有很大影响，因而在移动营销设计过程中，应使信息产品内容和形式与消费者兴趣与需要相符或相近，然后再把指定的营销信息发送给目标消费者。

首先，营销信息的内容应符合目标受众的需求。有些公司在技术方面依靠无线身份识别系统，进行数据挖掘，可得知用户的号码和终端情况/型号、操作系统等信息，进而挖掘出用户的喜好、使用习惯、月收入和性别，从而实现其直投广告和互动营销。现有技术可以帮助移动运营商找出那些拥有先进昂贵手机的用户和在线内容支出最多的用户，将他们的住址和相似私人信息进行归类等，然后选择合适的内容对他们进行投放。如对于白领和高校学生，由于他们接受教育程度比较高，有一定的文化品位，因此提供的信息就不能太庸俗。如大量垃圾短信就比较容易倒消费者的胃口，且影响他们对整个行业的看法。另外，如信息名址之类的移动互动平台，曾有很多企业注册了信息名址，但信息名址上所注册的内容过于简单，无法满足消费者的需求。如有时输入一个关键词之后，出来的就是一个人名与联系电话，这样就会让消费者对信息的可靠性产生怀疑，想想这是不是“骗子”之类的信息。因而，企业在通过各种移动平台提供服务时，应事先设计非常丰富的信息，当客户发送咨询信息时，可自动接收到企业的详细信息，包括企业产品类型、联系方式、付款方式、售后服务等。

其次，营销信息的制作形式应多样化。根据经验，同样的内容用不同的语言来组织，获得的反馈率差别可高达35倍，针对现在的年轻人，一定要用他们所熟悉的语言才会奏效，这和20世纪60年代出生的人不知道80年代的人唱出的歌是什么意思是一样的道理。企业可通过彩图、视频、游戏、铃声音乐和游戏等各种多媒体，将品牌广告发送到用户手机后，让用户根据自己的喜好将其中彩图设置成待机屏保、桌面背景、手机开关机及来电画面等。它的优势在于画面传播更形象直观、印象更深刻，而且解决了短信广告容易被屏蔽或删除的缺憾。在3G时代，英国广告厂商为3G手机发现了堪称杀手级应用的服务项目。华尔街日报（WSJ）报道，英国广告厂商尝试将广告片以无线方式发送到用户的手机上，让用户以手机收看平常必须在电视上才会出现的长时间广告片，据统计，英国广告厂商在测试的2星期内征询8.7万名3G手机用户收看广告的意愿，得到1.3万名用户的首肯，比例高达15%，相比于任何形态的广告都高。在5G时代，很明显用户的多样化需求及良好的技术环境对企业营销信息的制作能力无疑提出了更高的挑战。

（2）营销方式创新。营销方式的创新既可为现有实施移动营销的企业带来巨大的收益，又可吸引更多的企业加入到这一行业，从而进一步推进移动营销的发展。不少企业在营销手段上已经先行一步，有的是产品与服务企业创造的，有的是由专业的移动营销公司所开发出来的。

第一，投放营销信息时给予用户一定的折扣或优惠。“反广告意识”是广告在传播过程中不可避免的受众的心理壁垒。营销信息如果不能真正引起消费者的注意，那最终作用和价值的实现无疑是空中楼阁。因而企业在发送营销信息时应为用户带来一定的增值，而不仅仅是告知，如看广告减少电话费，点击广告增加论坛积分，点击广告免费下载歌曲等，发送电子优惠券，或者是类似抽奖或限量销售活动的通知。总之，让用户看到你的营销信息后获得一个惊喜，给用户带来潜在的收益，让用户心理上产生一种满足感和认同感，而不是恼怒和反感。著名的调查集团 HP2 对巴西、丹麦、德国、意大利、日本、韩国、新加坡、西班牙、瑞士、英国、美国 11 个国家中 16~45 岁的 3300 名手机用户的调查显示，约有 86%的用户表明，如果给予一定程度的折扣便可以接受手机广告。广东移动开展的“听广告，得话费”以及天津联通的“看广告，拿大奖”都体现了这样的业务思想。

第二，采用多种发送形式。采用多种发送形式可满足企业的不同需要，如单个发送、编组发送、批量发送、挑号发送和随机发送。单个发送适用于 VIP 用户或服务定制的用户，编组发送可以对某一用户群进行广告投放，批量发送满足了大规模投放的广告主的需求，挑号发送和随机发送有利于企业进行和开展用户调查研究。对所发送的营销信息进行量化管理，如定时发送、定向发送和定量发送。定时发送可以在受众关注度最高的时间段进行，如晚上的 7~8 点时，人们的心情最放松、最易接受信息，被誉为广告的“黄金时段”；定向发送可以针对某一区域和范围的用户，如某种商业活动的开展或针对某一学校的商业服务；定量发送则使广告的量化考核和研究变得精准易行。

第三，采用无线网络超链接形式。如采用短信、彩信或者微信加上无线网络的超链接形式进行广告的投放，一条简洁的文字信息或直观彩信发送给手机，对该信息感兴趣的用户可以进行点击或链接进入无线网络的相关介绍，获得更详细更丰富的资料。一方面，可以节约企业的营销费用，另一方面，无线网络的点击率可以通过这两种手段轻而易举地计算并统计出来，进行点击的用户才是真正的有效受众。有效受众的确定，提升了营销信息的传播效力和价值，也为广告商的付费和后期用户管理提供了方便，使广告资本得到了有效的投放。

第四，与传统传播渠道结合使用。企业在采用移动渠道时，还要与其他传播渠道交叉配合，进行市场推广活动。如在新产品上市前期，已经通过电视、户外等媒体的“轰炸”建立了足够的市场知名度，在随后进行的不定时特价销售活动时就可以通过手机广告发送相关信息。

第五，整合各种信息服务，建立移动互动平台。除了短信和 WAP 外，彩信、IVR、品牌置入式 Java 游戏、微信、移动 APP 都可以成为移动互动平台的载体。从用户交互性上讲，相比互联网平台，手机是实现互动营销的最佳平台。

玉溪红塔集团是目前中国知名烟草制造企业之一，其烟草的产量和在市场中占的份额都很大，有相对固定的零售客户。企业通过对卷烟零售终端（客户）的客情管理，掌握了卷烟零售终端（客户）的深层次的需求，以移动手机互动信息的形式为卷烟零售终端（客户）提供更人性化的服务、传播品牌知识、传递烟草信息、客情联系、有奖互动、信息互通、建立 VIP 客户（重点零售商、消费者）档案，通过彩铃或彩信在一些重要的节假日、客户生日寄鲜花、宣传卡片或是通过其他方式送红塔时报等小礼品予以庆贺，最终让移动营销平台成为红塔营销中心与卷烟零售客户之间沟通的无形桥梁。该移动营销平台功能主要包含：①信息发布。营销信息发布；零售终端（客户）关怀与支持。②信息互动。零售客户的建议和意见；假冒伪劣投诉；调查信息反馈；零售客户参与活动。③信息管理。信息分类汇总；预发送和已发送信息管理；接受信息管理和发送失败信息管理。④客户信息管理。客户分类管理；移动电话号码资源管理等。

第六，建立退出机制。如果消费者收到第一条信息之后，虽然信息是免费的，但对部分消费者来说是不需要的，那么他就可以通过发送一条信息到信息的发送平台，这样企业就会把他的个人资料加入到它们的屏蔽名单中，以后该消费者就不会再收到类似的信息了。如果他们发送的退出信息没有得到响应或及时处理，消费者可能对企业产生反感。

第七，采取定制营销的方式。如企业采取会员制，只针对会员进行广告推送，会员可以自主选择广告种类。定制移动营销可以采取捆绑营销、互动式营销、整合营销相结合的方式，在营销的同时为用户提供增值服务。

5.3.3 应降低收费标准

另一个使移动营销蓬勃发展的必要条件涉及所运用的收费标准。政府和相关企业应在以下两个方面做出努力：

首先，降低消费者的收费。如果将西欧和日本的移动运营商的收入进行对比的话，就会发现，所有的日本运营商都有超过20%的收入来自于移动数据，西欧却一家都没有。主要原因是由于日本运营商将价格设置得较低或采用包月的方式，以此来鼓励用户使用移动数据。许多西欧运营商则对移动数据采用了轻描淡写的策略，将收费制定得很高，并主要面向商业用户。结果是，与日本的用户相比，欧洲的用户要花大约5~7倍的价格来发送一个多媒体短信。我们国家目前相对高端的数据业务收费都较高，从而也影响到了消费者的使用，进而制约了移动营销的发展。因而运营商应尽快降低收费标准，来促进移动营销市场的发展。

其次，降低广告主的收费。手机广告有着自身的优势，它的互动性、精确性以及分众性、定向性使得效果统计与定向投放成为可能。P4P（pay for performance）收费形式，即按效果收费，这就意味着按照最终用户数量收费，而在展示过程中完全免费。如按点击率收费，相比较于大笔投入传统广告而言，可以达到效果和成本的双赢。

可喜的是，中国政府和运营商已经在此方面迈出了艰难的一步，2018年7月1日开始，运营商的网络流量费及通话资费比以往大幅度降低，这不仅降低了企业移动营销成本，同时也降低了消费者参与移动营销的成本。

5.3.4 加强产业价值链中各主体的分工与合作

在移动营销中，原来以运营商为中心的产业链格局被以用户为核心的产业链格局所替代。而且由于三网融合，在技术上的发展束缚放开以后，竞争就转变为以业务创新和商业模式创新的竞争上来。与互联网带来的革新是一样的，运营商只是为广大用户的移动应用提供通信管道而已。各产业链主体为了实现多赢的商业模式，必须加强各利益主体的协同配合，在竞争中加强合作，使移动营销空间不断壮大。如 2005 年 3 月，飞拓无限科技有限公司宣布与国内最大的移动通信运营商—— 中国移动建立了全面的合作伙伴关系，并正式推出与中国移动数据业务运营支撑中心共同打造的手机互动营销平台。该手机互动营销平台是依托当时中国最大的手机无线网站——移动梦网，以及当时覆盖的近 1 亿注册用户来打造的专属信息传播平台。中国移动宣布将其移动梦网首页和各频道首页的广告设计策划方案交由飞拓无限代理，飞拓无限也就此将移动梦网背后累积的 1 亿多注册用户资料“收入囊中”。飞拓无限作为中国移动指定商务合作伙伴，除了负责整个平台的销售及市场推广外，还为国内众多企业提供创新有效的无线媒体传播及无线解决方案。这种强强联盟是做大做强的一种很好的策略，可以有效整合品牌资源、客户资源、网络营销策划与运营能力及渠道能力。

在移动营销的价值链中，包括了运营商、广告代理商、终端厂商、设备制造商、广告主、服务提供商等。由于网络速度、终端感受、收费渠道、服务水平等都会影响用户使用手机媒体的感受，从而抑制移动营销的发展，因而价值链中各方都应发挥自身应有的作用。

5.3.5 开展企业教育

有些企业既是移动营销市场的创造者，也是移动营销市场的用户。一方面，它为移动营销市场提供了各种创新的信息内容及创新的营销方式；另一方面，它同时也在不停地使用着移动营销。而我们这里的企业教育主要针对那些对移动营销不了解，未使用移动营销，或者未能熟练使用移动营销的企业。虽然移动营销当今的发展非常迅速，但远没有普及，仍有许多企业没有开展移动营销或者开展得不好。所以，各方必须加大宣传力度，对企业进行教育，吸引更多的企业来参与移动营销的阵营。目前，从移动协会到 CTIA，从 Neustar 到移动运营商、营销商、应用技术提供商，以及网络集合所有的参与者都在积极促成这些变化。在整个业界的推动下，现在最急需解决的问题就是普及相关知识。移动运营商及相关培训机构应大力开展移动营销的培训服务，包括移动领域的更多基础知识，从科技、广告种类、规模到衡量标准等。只要普及相关知识，假以时日，移动营销就一定能够获得更大的成就。

开展企业教育可以从以下几方面着手：

（1）移动运营商与专业的移动营销机构进行宣传与教育。移动运营商与移动营销公司在企业教育上起着举足轻重的作用，由于他们有较多的客户资源，且具有丰富的移动营销知识，因此实施起来更加容易。

首先，他们可以对企业进行移动营销的宣传。移动运营商如中国移动、中国联通等及行业内相关公司这两年都开始进行大力推动。在宣传过程中，可利用早期使用者的成绩来激发其他企业的参与意识。如三星、索尼、福特汽车、国美电器、华为技术、小米及欧莱雅等知名企业利用移动营销获得了意想不到的销售业绩。

其次，可帮助企业提供创新性的营销产品来培育市场供给。可采取如下方式：①提供专业性培训；②鼓励企业参与移动营销活动，通过实践活动中的传、帮、带，来帮助企业提高广告宣传效果和移动营销的质量；③协助企业与上游客户建立联系，开发具有品牌自身特点的宣传信息产品，并进行专门的市场营销支持。

（2）政府及行业协会的推进。政府及行业协会也应积极主动地促进移动营销市场的发展，既可促进科技的进步，也可带动当地经济的发展。当然有时也可与各方联合起来进行宣传。如浙江省中小企业局、浙江省乡镇企业局、浙江省信息产业厅、中国移动通信联合会信息名址联合信息中心（MobNIC）和盛世蓝图曾共同发起浙江中小企业移动信息化普及活动，从而使移动技术惠及中小企业，并提升企业核心竞争力。

（3）各传媒机构的免费传播。传播媒体特别是大众传播媒体也可加入企业教育的阵营，可以新闻的方式介绍目前移动营销市场的发展，包括市场上成功进行移动营销的案例或者创新营销工具的使用，如微信营销、APP营销、二维码营销及手机游戏营销等。这种大众传播媒体免费传播的低成本方式可极大地节省其他各方为驱动移动营销市场而采取的广告投入。

5.3.6 开展消费者教育

Jaworski 和 Kohli（1993）从改变市场结构和市场参与者的行为两个角度提出了驱动市场的方法。在改变市场参与者行为中很重要的一点就是改变消费者的行为。移动营销的参与者，既包括企业也包括企业的消费者。仅对企业进行教育，如果没有广大消费者对这一新的营销方式的认知、了解和接受，移动营销的市场空间是没办法扩大的。没有移动技术，移动营销便无从谈起。当然如果没有市场的大规模普及，每个消费者都不使用移动设备，每家企业都不采用移动营销的方式进行营销活动，移动营销也无法发展起来。因此市场和技术这两个环节都非常重要。如果接触移动营销的消费者有限，对企业来说也就不具备什么吸引力，他们也不会采取移动营销的方式进行促销、宣传与销售。这是一个环环相扣的过程。

因此，各方在对企业进行教育的同时，也应对消费者进行教育。让消费者认识到这一创新营销的巨大价值，教会顾客如何使用和消费这一创新产品。一旦消费者的潜在需求被激发出来，往往短期内便可创造出相当大的市场。

在宣传途径上，可以使用大众媒体的新闻宣传、广告、软文等，也可以做各种各样的宣传活动。这里着重对消费者教育中比较重要的几个方面进行强调：

（1）注意针对早期采用者进行宣传。调查的样本显示，在18~27岁年龄段的大学生是一个巨大的消费市场。这个年龄段的年轻人是现在和未来消费市场的主流，而且是一个“源”消费人群，由于他们的消费，可以带动父母、朋友、同事、中老年人的“传染式”消费。也就是说，打开了年轻人的消费市场，就打开了一个消费市场的源头。作为一个特殊的消费群体，大学生的购买能力正在不断提高，他们的预支消费观念相对超前，尤其是一些流行与实用相结合的消费品，如 iPad、手机、智能穿戴等。以大学生为主的年轻用户，对手机和移动数据业务的潜在需求大，且其购买力会不断增长。还在学校的这些年轻人，三五年以后将从低端客户慢慢变成高端客户。因此可以断言，谁掌握了这个市场，谁就掌握了未来的高消费市场，企业要想在未来竞争中占有优势必须现在就打好基础。因此，运营商可联合移动营销公司、营销协会以及企业在高校举办“移动营销策划大赛”“移动营销成功企业巡回演讲”“移动营销案例分析大赛”等类似的活动，来促进移动营销的推广。

另外一个比较重要的宣传对象便是年轻的白领，白领阶层一般受过高等教育，愿意尝试新事物，且有一定的经济基础。因此一旦他们了解了移动数据业务、移动营销，在有良好体验的基础上，也会加快移动营销的口碑宣传，包括在互联网上进行宣传。

（2）采用教育渗透型的手机广告。这类广告的目的在于对移动用户进行广告接受的习惯培养和业务尝试。

第一，目前阶段可以在用户定制的其他游戏、图铃、新闻等信息后面附加赞助型广告，如“本信息由……提供”。

第二，可以发送提示性广告，如在正常业务短信后附加发送“现有……广告，如果收听请……”。如果用户感兴趣，可以通过提供的 WAP PUSH 方式浏览详细的广告内容。今后再针对这些用户发送更多的广告推送（PUSH）消息。

第三，建立手机广告的定制 APP，用户可以闲时在 APP 上详细查看广告的内容和价格，定制自己需要的广告信息和接收信息的时间，也可以终止这种订阅。而广告商通过这样的门户可以方便地统计用户需求的总体特征和个体特征，有针对性地设计共性业务并推送一些个性化信息。另外，可以随时退订的定制门户方式也使得用户打消了试用的后顾之忧，如担心陷入 SP 陷阱后无法退订。

5.4 研究局限与未来研究方向

5.4.1 研究局限

本书在理论推导和实证研究上虽力求符合科学的原则，但由于多方面的原因，使得研究受到许多的限制，尤其是实证研究方面的局限，这些局限主要表现在以下几方面：

（1）样本选择与度量上的局限。本书采用问卷调查法，主要由大学生从主观认知的角度来填答问题，其对问题的回答可能与实际情况存在一定的偏差。另外，由大学生从感知的角度来判断企业移动营销的个性化、许可及娱乐也有可能与企业的实际情况存在一定的偏差。因此，如果对多种对象进行调查，包括普通消费者、企业等，问卷质量将会更高，研究结论也将更科学。

（2）研究模型的局限。虽然本书模型所探讨的技术因素、消费者创新性、个性化、许可、娱乐、易用性、有用性和意愿之间的关系得到了证实，解释了现实中存在的现象和理论研究中存在的分歧，但仍只是初步揭示出移动营销绩效的影响因素与测量因素之间的作用机理，很多现已得到证实的影响因素变量和调节变量（如性别、年龄等）并没有整合进模型。另外，虽然作者意识到文化因素对移动营销绩效可能也有较大的影响，如移动营销在亚洲（如中国、日本、朝鲜）、丹麦等的应用就比美国要广泛得多，但由于跨文化样本收集具有较大的难度，所以本次研究暂未考虑文化因素。综上所述，研究模型还须作进一步的修正与完善，这样才能完全揭示出移动营销绩效的影响因素与测量因素之间的作用机理。

（3）研究数据的局限。由于本书是基于作者前期实证项目研究的研究成果而完成的，由于实证研究过程相对比较复杂，持续的时间比较长。再加上移动消费市场是一个瞬息万变的市场，从而使得实证研究的统计数据所反映的现象与近期市场的状况可能存在一定出入。

5.4.2 未来研究方向

本书围绕移动营销绩效的影响因素与测量因素之间的关系进行了探讨，对现有研究移动营销绩效的影响因素进行了调整，初步揭示出移动营销绩效影响因素与测量因素之间的作用机理。在研究过程中发现，现实中存在许多有趣的、有关移动营销的现象，还有很多地方值得更深入的研究与探讨，具体内容包括：

（1）移动营销绩效的影响因素研究。本书证实，技术因素、消费者的创新性、个性化、许可、娱乐等通过易用性与有用性对意愿产生了直接或间接的影响，这一结论为企业开展移动营销活动提供了一个重要的依据。因此，对移动营销绩效的影响因素进行深入研究具有很强的现实意义。但 Scharl 等（2005）认为，媒介成本、产品适用性等因素对移动营销的成效也具有影响，这还须用中国消费者的数据进行验证，才能应用它来指导中国企业的实践。除了这些影响因素外，在中国，有关移动通信信息传递与移动广告方面的法律政策似乎也影响着消费者的接受意愿，这同样需要得到进一步证实。另外，Scharl 等（2005）在他们的研究中将文化因素作为未来的研究方向，而且也有一些研究为文化影响新技术的接受提供依据（Norris，2001；Ford et al.，2003）。不过，整体而言，有关移动营销的跨文化研究仍然非常少见。跨文化的研究表明，移动服务的采纳和接受在不同国家间的差异较大，所以未来的研究需要调查多文化样本，来进一步探讨文化的作用。

（2）调节变量的研究。本书在对被调查者个人基本情况进行描述统计分析时，发现男性消费者持有高端手机的比率要明显高于女性消费者。那么，诸如性别、收入、手机依赖等个人特征可能对各研究变量之间的关系起着一定的调节作用，这需要进一步的研究才能得到证实。

另外，本书主要是用消费者对移动营销的接受意愿作为移动营销绩效的测量因素，但 Scharl 等（2005）的研究同时将消费者意愿、消费者行为作为移动营销绩效的测量因素。考虑到消费者的行为居于意愿之后，而单次的调查只能了解消费者当时的意愿，无法测试他以后的行为，基于本书时间上的紧迫性，所以本书直接采用消费者意愿作为移动营销绩效的测量因素。但事实上，用消费者最终的行为来测量移动营销绩效可能更准确。所以，以后的研究尚需将消费者行为考虑进移动营销绩效的测量因素之列，对同样样本进行阶段性研究，才可能使研究结果更加合理。

附录 A

预试问卷—— 手机消费行为及移动营销参与调查

尊敬的各位先生/女士：

您好！这是一份学术性问卷，目的是为了探讨“移动营销绩效的影响因素及测量因素之间的关系”，希望能得到您的支持与协助。问卷包括两部分，采用匿名的方式填写，您所填写的答案仅作为统计分析使用，问卷数据仅仅用于学术研究，不会对您个人造成任何不利的影响，请您尽管放心填写。对问卷中的问题，每个人都有自己的看法，因此答案没有对错之分。十分感谢您的协助及对本书的支持。

敬祝身体健康、万事如意！

××××移动营销研究组

说明：

月平均收入包括：工作收入、理财收入、家庭所给生活费、奖学金及政府资助等。

第一部分　个人基本情况

请在相应的选项上画√，在无单独提示的情况下，各题选项均为单选。

1. 性别

(1) 男　(2) 女

2. 年龄

（1）<18　（2）18~25　（3）26~30　（4）31~35　（5）36~40

（6）>40

3. 月平均收入（元）

（1）<500　（2）500~1000　（3）1001~1500　（4）1501~2000

（5）2001~3000　（6）3001~5000　（7）>5000

4. 手机使用年限

（1）<1　（2）1~2　（3）3~4　（4）5~6　（5）>6

5. 手机月消费额

（1）<50　（2）50~100　（3）101~150　（4）151~200

（5）201~500　（6）>500

6. 手机上网年限

（1）<1　（2）1~2　（3）3~4　（4）5~6　（5）>6

7. 您的手机类型为

（1）高端手机　（2）普通手机　（3）无手机

第二部分　移动营销绩效的影响因素及测量因素题项

以下所有选项均为单选，请您根据自己使用手机的实际情况来对各选项的具体数字做出标记，1~7 的数字表示了从“完全不同意”到“完全同意”的程度，1=完全不同意；2=基本不同意；3=有点不同意；4=难以判断；5=有点同意；6=基本同意；7=完全同意。

您使用手机及参与企业手机商业活动的情况	完全不同意	基本不同意	有点不同意	难以判断	有点同意	基本同意	完全同意
1. 我的手机上网很稳定。	1	2	3	4	5	6	7
2. 我的手机上网速度很快。	1	2	3	4	5	6	7

续表

您使用手机及参与企业手机商业活动的情况	完全不同意	基本不同意	有点不同意	难以判断	有点同意	基本同意	完全同意
3. 我的手机屏幕大小适当。	1	2	3	4	5	6	7
4. 我的手机能及时准确地收到信息。	1	2	3	4	5	6	7
5. 我喜欢购买新商品。	1	2	3	4	5	6	7
6. 我通常会努力获取新的信息。	1	2	3	4	5	6	7
7. 我总是努力关注市场上的最新技术。	1	2	3	4	5	6	7
8. 通常而言，我喜欢接受新的事物。	1	2	3	4	5	6	7
9. 通常我比我的朋友先尝试使用某种新产品。	1	2	3	4	5	6	7
10. 我收到的移动广告符合我的需要。	1	2	3	4	5	6	7
11. 我收到的移动广告与我所要购买的商品相关。	1	2	3	4	5	6	7
12. 我收到的移动广告与我的购买时间相关。	1	2	3	4	5	6	7
13. 我收到的移动广告与我的购买地点相关。	1	2	3	4	5	6	7
14. 我收到的移动广告与我的兴趣相关。	1	2	3	4	5	6	7
15. 短信广告往往提供退订条件。	1	2	3	4	5	6	7
16. 彩信广告可以退订。	1	2	3	4	5	6	7
17. 我所收到的商业短信广告是我许可接收的。	1	2	3	4	5	6	7
18. 我所收到的短信广告令人兴奋。	1	2	3	4	5	6	7
19. 我所收到的彩信广告令人愉快。	1	2	3	4	5	6	7
20. 我觉得手机游戏广告有趣。	1	2	3	4	5	6	7
21. 我觉得手机网站上的广告令人愉悦。	1	2	3	4	5	6	7
22. 我收到短信优惠券时感到高兴。	1	2	3	4	5	6	7
23. 移动营销活动很容易理解。	1	2	3	4	5	6	7
24. 移动营销活动很容易参与。	1	2	3	4	5	6	7
25. 学习如何使用短信优惠券很容易。	1	2	3	4	5	6	7
26. 我很容易在参与移动营销方面变得精通。	1	2	3	4	5	6	7
27. 移动营销可以为我省钱。	1	2	3	4	5	6	7
28. 移动营销可以为我节省购物时间。	1	2	3	4	5	6	7
29. 移动营销有助于提升购买决策的准确性。	1	2	3	4	5	6	7
30. 移动营销有助于提升我的购买效率。	1	2	3	4	5	6	7
31. 我收到的短信广告是有用的。	1	2	3	4	5	6	7

续表

您使用手机及参与企业手机商业活动的情况	完全不同意	基本不同意	有点不同意	难以判断	有点同意	基本同意	完全同意
32. 我愿意接收移动广告信息。	1	2	3	4	5	6	7
33. 我将阅读所有我收到的移动广告信息。	1	2	3	4	5	6	7
34. 我使用移动营销服务的意愿很高。	1	2	3	4	5	6	7
35. 如果手机收到有趣的促销信息，我会衔接到该手机网站并获取更详细的信息。	1	2	3	4	5	6	7
36. 我以后会登录企业手机网站查阅商品信息。	1	2	3	4	5	6	7

附录 B

正式问卷—— 手机消费行为及移动营销参与调查

尊敬的各位先生/女士：

您好！这是一份学术性问卷，目的是为了探讨“移动营销绩效的影响因素及测量因素之间的关系”，希望能得到您的支持与协助。问卷包括两部分，采用匿名的方式填写，您所填写的答案仅作为统计分析使用，问卷数据仅仅用于学术研究，不会对您个人造成任何不利的影响，请您尽管放心填写。对问卷中的问题，每个人都有自己的看法，因此答案没有对错之分。十分感谢您的协助及对本书的支持。

敬祝身体健康、万事如意！

××××移动营销研究组

说明：

月平均收入包括：工作收入、理财收入、家庭所给生活费、奖学金及政府资助等。

第一部分　个人基本情况

请在相应的选项上画√，在无单独提示的情况下，各题选项均为单选。

1. 性别

（1）男　（2）女

2. 年龄

(1) <18　(2) 18~25　(3) 26~30　(4) 31~35　(5) 36~40
(6) >40

3. 月平均收入（元）

(1) <500　(2) 500~1000　(3) 1001~1500　(4) 1501~2000
(5) 2001~3000　(6) 3001~5000　(7) >5000

4. 手机使用年限

(1) <1　(2) 1~2　(3) 3~4　(4) 5~6　(5) >6

5. 手机月消费额

(1) <50　(2) 50~100　(3) 101~150　(4) 151~200
(5) 201~500　(6) >500

6. 手机上网年限

(1) <1　(2) 1~2　(3) 3~4　(4) 5~6　(5) >6

7. 您的手机类型为

(1) 高端手机　(2) 普通手机　(3) 无手机

第二部分　移动营销绩效的影响因素及测量因素题项

以下所有选项均为单选，请您根据自己使用手机的实际情况来对各选项的具体数字做出标记，1~7 的数字表示了从“最不同意”到“最同意”的程度，1=完全不同意；2=基本不同意；3=有点不同意；4=难以判断；5=有点同意；6=基本同意；7=完全同意。

您使用手机及参与企业手机商业活动的情况	完全不同意	基本不同意	有点不同意	难以判断	有点同意	基本同意	完全同意
1. 我的手机上网很稳定。	1	2	3	4	5	6	7
2. 我的手机上网速度很快。	1	2	3	4	5	6	7

续表

您使用手机及参与企业手机商业活动的情况	完全不同意	基本不同意	有点不同意	难以判断	有点同意	基本同意	完全同意
3. 我的手机屏幕大小适当。	1	2	3	4	5	6	7
4. 我的手机能及时准确地收到信息。	1	2	3	4	5	6	7
5. 我喜欢购买新商品。	1	2	3	4	5	6	7
6. 我通常会努力获取新的信息。	1	2	3	4	5	6	7
7. 我总是努力关注市场上的最新技术。	1	2	3	4	5	6	7
8. 通常而言，我喜欢接受新的事物。	1	2	3	4	5	6	7
9. 通常我比我的朋友先尝试使用某种新产品。	1	2	3	4	5	6	7
10. 我收到的移动广告符合我的需要。	1	2	3	4	5	6	7
11. 我收到的移动广告与我所要购买的商品相关。	1	2	3	4	5	6	7
12. 我收到的移动广告与我的购买时间相关。	1	2	3	4	5	6	7
13. 我收到的移动广告与我的购买地点相关。	1	2	3	4	5	6	7
14. 我收到的移动广告与我的兴趣相关。	1	2	3	4	5	6	7
15. 短信广告往往提供退订条件。	1	2	3	4	5	6	7
16. 彩信广告可以退订。	1	2	3	4	5	6	7
17. 我所收到的商业短信广告是我许可接收的。	1	2	3	4	5	6	7
18. 我所收到的短信广告令人兴奋。	1	2	3	4	5	6	7
19. 我所收到的彩信广告令人愉快。	1	2	3	4	5	6	7
20. 我觉得手机游戏广告有趣。	1	2	3	4	5	6	7
21. 我觉得手机网站上的广告令人愉悦。	1	2	3	4	5	6	7
22. 移动营销活动很容易理解。	1	2	3	4	5	6	7
23. 移动营销活动很容易参与。	1	2	3	4	5	6	7
24. 学习如何使用短信优惠券很容易。	1	2	3	4	5	6	7
25. 我很容易在参与移动营销方面变得精通。	1	2	3	4	5	6	7
26. 移动营销可以为我省钱。	1	2	3	4	5	6	7
27. 移动营销可以为我节省购物时间。	1	2	3	4	5	6	7
28. 移动营销有助于提升购买决策的准确性。	1	2	3	4	5	6	7

续表

您使用手机及参与企业手机商业活动的情况	完全不同意	基本不同意	有点不同意	难以判断	有点同意	基本同意	完全同意
29. 移动营销有助于提升我的购买效率。	1	2	3	4	5	6	7
30. 我收到的短信广告是有用的。	1	2	3	4	5	6	7
31. 我愿意接收移动广告信息。	1	2	3	4	5	6	7
32. 我将阅读所有我收到的移动广告信息。	1	2	3	4	5	6	7
33. 我使用移动营销服务的意愿很高。	1	2	3	4	5	6	7
34. 我以后会登录企业手机网站查阅商品信息。	1	2	3	4	5	6	7

参考文献

[1] Adams, D. A., Nelson, R. R., & Todd, P. A. Perceived usefulness, ease of use, and usage of information technology: A replication [J]. MIS Quarterly, 1992, 16 (2): 227-247.

[2] Agarwal, R., & Prasad, J. A conceptual and operational definition of personal innovativeness in the domain of information technology [J]. Information Systems Research, 1998, 9 (2): 204-215.

[3] Ajzen, I. The theory of planned behavior. Organizational Behavior and Human Decision. Processes, 1991, 50 (2): 179-211.

[4] Anderson, J. C. An approach for confirmatory measurement and structure equation modeling of organization properties [J]. Management Science, 1987, 33 (4): 525-541.

[5] Anderson, J. C., & Gerbing, D. W. Structural equation modeling in practice: A review and recommend two-step approach [J]. Psychological Bulletion, 1988, 103 (3): 411-423.

[6] Berman, B. Planning and implementing effective mobile marketing programs [J]. Business Horizons, 2016, 59 (4): 431-439.

[7] Bellman, S., Potter, R. F., Treleaven-Hassard, S., Robinson, J. A., & Varan, D. The effectiveness of branded mobile phone apps [J]. Journal of Interactive Marketing, 2011, 25 (4): 191-200.

[8] Bagozzi, R. P., & Yi, Y. On the evaluation of structural equation mod-

els [J]. Journal of the Academy of Marketing Science, 1988, 16 (1): 74-94.

[9] Balasubramanian, S., Peterson, R. A., & Jarvenpaa, S. L. Exploring the implications of M-Commerce for markets and marketing [J]. Journal of the Academy of Marketing Science, 2002, 30 (4): 348-361.

[10] Barnes, S. J., & Huff, S. L. Rising Sun: Imode and the Wireless Internet [J]. Communication of the ACM, 2003, 46 (11): 78-84.

[11] Barnes, S. J., & Scornavacca, E. Mobile marketing: The role of permission and acceptance [J]. International Journal of Mobile Communication, 2004, 2 (2): 128-139.

[12] Bauer, H. H., Barnes, S. J., Reichardt, T., & Neumann M. M. Driving consumer acceptance of mobile marketing: A theoretical framework and empirical study. [J]. Journal of Electronic Commerce Research, 2005, 6 (6): 181-192.

[13] Bhatti, T. Exploring factors influencing the adoption of mobile commerce [J]. Journal of Internet Banking and Commerce, 2007, 12 (3): 1-13.

[14] Bigne, E., Ruiz, C., & Sanz, S. Key drivers of mobile commerce adoption: An exploratory study of Spanish mobile users [J]. Journal of Theoretical and Applied Electronic Commerce Research, 2007, 2 (2): 48-60.

[15] Bigne, E., Ruiz, C., & Sanz, S. The impact of internet user shopping patterns and demographics on consumer mobile buying behavior [J]. Journal of Electronic Commerce Research, 2005, 6 (3): 193-210.

[16] Bosilj N, Jurinjak I. The role of knowledge management in mobile marketing [J]. Journal of Information & Organizational Sciences, 2009, 19 (7): 962-966.

[17] Blake, B. F., Neuendorf, K. A., & Valdiserri, C. M. Innovativeness and variety of internet shopping [J]. Internet Research, 2003, 13 (3): 156-169.

[18] Boomsma, A. Nonconvergence, improper solutions and starting values in Lisreal: maximum likelihood estimation [J]. Psychometrika, 1985, 50 (2):

229-242.

[19] Brackett, L. K., & Carr, B. N. Cyberspace advertising vs. other media: Consumer vs. mature student attitudes [J]. Journal of Advertising Research, 2001, 41 (5): 23-32.

[20] Bruner, G. C., & Kumar, A. Explaining consumer acceptance of handheld Internet devices [J]. Journal of Business Research, 2005, 58 (5): 553-558.

[21] Cadden, C. Wireless phone ad has promise. In-Stat. Retrieved from http://www.instat.com/press.asp? Sku = IN0502096MCM&ID =1441, September 14, 2005.

[22] Carroll, A., Barnes, S. J., Scornavacca, E., & Fletcher, K. Consumers perceptions and attitudes towards SMS advertising: recent evidence from New Zealand [J]. International Journal of Advertising, 2007, 26 (1): 79-98.

[23] Chae, M., Kim, J., Kim, H., & Ryu, H. Information quality for mobile internet services: A theoretical model with empirical validation [J]. Electronic Markets, 2002, 12 (1): 38-46.

[24] Chakraborty, G., Lala, V., & Warren, D. What do customers consider important in B2B websites? [J]. Journal of Advertising Research, 2003, 43 (1): 50-61.

[25] Chang, M. K., Cheung, W., & Lai, V. S. Literature derived reference models for the adoption of online shopping [J]. Information & Management, 2005, 42 (4): 543-559.

[26] Chen, Q., Wells, W. D. Attitude toward the site [J]. Journal of Advertising Research, 1999, 39 (5): 27-37.

[27] Choi, J., Seol, H., Lee, S., Cho, H., & Park, Y. Customer satisfaction factors of mobile commerce in Korea [J]. Internet Research, 2008, 18 (3): 313-335.

[28] Citrin, A. V., Sprott, D. E., Silverman, S. N., & Stem Jr., D. E.,

Adoption of Internet shopping: The role of consumer innovativeness [J]. Industrial Management & Data System, 2000, 100 (7): 294-300.

[29] Covin, J. G., & Slevin, D. P. A Conceptual model of entrepreneurship as firm behavior [J]. Entrepreneurship Theory and Practice, 1991, 16 (1): 7-26.

[30] Crespo, A. H., & Bosque, I. R. D. The effect of innovativeness on the adoption of B2C E-commerce: A model based on the theory of planned behavior [J]. Computers in Human Behavior, 2008, 24 (6): 2830-2847.

[31] Davis, F. D., Bagozzi, R. P., & Warshaw, P. R. User acceptance of computer technology: A comparison of two theoretical models [J]. Management Science, 1989, 35 (8): 982-1003.

[32] Davis F. D. Perceived usefulness, perceived ease of use, and user acceptance of information technology [J]. Mis Quarterly, 1989, 13 (3): 319-340.

[33] De Reyck, B., & Degraeve, Z. Broadcast scheduling for mobile advertising [J]. Operations Research, 2003, 51 (4): 509-517.

[34] DeBaillon, L., & Rockwell, P. Gender and student-status differences in cellular telephone use [J]. International Journal of Mobile Communications, 2005, 3 (1): 82-98.

[35] Dess G. G., Lumpkin G. T., & Covin J. G. Entrepreneurial strategy making and firm performance: tests of contingency and configurational models [J]. Strategic Management Journal, 1997, 18 (9): 677-695.

[36] Dickinger, A., & Haghirian, P. An Investigation and Conceptual Model of SMS Marketing [A]. Proceedings of the 37th Hawaii International Conference on System Sciences, 2004: 1-9.

[37] Dickinger, A., Haghirian, P., Murphy, J., & Scharl, A. An investigation and conceptual model of SMS marketing [A]. In the Proceedings of 37th Annual Hawaii International Conference on System Sciences, 2004: 31-40.

[38] Ducoffe, R. H. How consumers assess the value of advertising [J].

Journal of Current Issues and Research in Advertising, 1995, 17 (1): 1-18.

[39] DuFrene, D. D., Engelland, B. T., Lehman, C. M., & Pearson, R. A. Changes in consumer attitudes resulting from participation in a permission E-mail campaign [J]. Journal of Current Issues and Research in Advertising, 2005, 27 (1): 65-77.

[40] Dube A., & Helkkula A. Service experiences beyond the direct use: Indirect customer use experiences of smartphone apps [J]. Journal of Service Management, 2015, 26 (2): 224-248.

[41] Easton, J. Going wireless: transforming your business with mobile technology [M]. New York: HarperCollins Publishers Inc., 2002.

[42] Facchetti, A., Rangone, A., Renga, F. M., & Savoldelli, A. Mobile marketing: An analysis of key success factors and the European value chain [J]. International Journal of Management and Decision Making, 2005, 6 (1): 65-80.

[43] Fishbein, M., and Ajzen, I. Beliefs, attitude, intention, and behavior: An introduction to theory and research [M]. MA: Addison Welsley. 1975.

[44] Ford, D. P., Connelly, C. E., & Meister, D. B. Information systems research and hofstede's culture's consequences: An uneasy and incomplete partnership [J]. IEEE Transactions on Engineering Management, 2003, 50 (1): 8-25.

[45] Fornell, C., Johnson, M. D., Anderson, E. W., Cha, J., & Bryant, B. E. The American customer satisfaction index: nature, purpose and findings [J]. Journal of Marketing, 1996, 60 (4): 7-18.

[46] Funk, J. L. The future of the mobile phone Internet: An analysis of technological trajectories and lead users in the Japanese market [J]. Technology in Society, 2005, 27 (1): 69-83.

[47] Godin, S., & Peppers, D. Permission Marketing: Turning Strangers into Friends, and Friends into Customers [M]. Munich: Simon & Schuster, 1999.

[48] Goldsmith, R. E., & Hofacker, C. F. Measuring consumer innovativeness [J]. Journal of the Academy of Marketing Science, 1991, 19 (3): 209-221.

[49] Goodhue, D. L., & Thompson R. L. Task technology fit and individual performance [J]. MIS Quarterly. 1995, 19 (2): 213- 236.

[50] Gressgard, L. J., & Stensaker, I. The mobile service industry: Strategic challenges and future business models [J]. International Journal of Mobile Communications, 2006, 4 (5): 509-531.

[51] Gimun, K., Bongsik, S., & Ho G. L. Understanding Dynamics between Initial Trust and Usage Intentions of MobileBanking [J]. Information Systems Journal, 2007, 19 (3): 283-311.

[52] Haghirian, P., & Inoue, A. An advanced model of consumer attitudes toward advertising on the mobile internet [J]. International Journal of Mobile Communications, 2007, 5 (1): 48-67.

[53] Haghirian, P., Madlberger, M., & Tanuskova, A. Increasing advertising value of mobile marketing-An empirical study of antecedents [A]. In the Proceedings of the 38th Hawaii International Conference on System Sciences, 2005.

[54] Hair, J. F., Tatham, R. L., Anderson, R. E., & Black, W. Multivariate Data Analysis [M]. 5th ed. Publisher: Upper Saddle River, NJ: Prentice Hall, 1998.

[55] Harris, P., Rettie, R., & Kwan, C. C. Adoption and usage of M-commerce: A cross-cultural comparison of Hong Kong and the United Kingdom [J]. Journal of Electronic Commerce Research, 2005, 6 (3): 210-225.

[56] Hyunjoo, I. M., Sharron J. L., & Leslie S. The perceptual fluency effect on pleasurable online shopping experience [J]. Journal of Research in Interactive Marketing, 2010, 4 (4): 280-294.

[57] Harrison, D. A., Mykytyn, P. P., & Riemenschneider, C. K. Executive Decisions about Adoption of Information Technology in Small Business: Theory

and Empirical Tests [J]. Information Systems Research, 1997, 8 (2): 171-195.

[58] Heijden, H. V. D., Verhagen, T., & Creemers, M. Understanding online purchase intentions: Contributions from technology and trust perspectives [J]. European Journal of Information Systems, 2003, 12 (1): 41-48.

[59] Heijden, H. V. D. User Acceptance of hedonic information systems [J]. Mis Quarterly, 2004, 28 (4): 695-704.

[60] Heinonen, K., & Strandvik, T. Consumer Responsiveness to Mobile Marketing [A]. In the Proceedings of the Stockholm Mobility Roundtable, Stockholm, Sweden, 2003.

[61] Heinonen, K., & Strandvik, T. Consumer responsiveness to mobile marketing [J]. International Journal of Mobile Communications, 2007, 5 (6): 603-617.

[62] Hoflich, J. R., & Rossler, P. Mobile schriftliche Kommunikation oder: E-mail fu¨rdas Handy [J]. Medien & Kommunikation swissenschaft, 2001, 49 (4): 437-461.

[63] Hsu, H. H., Lu, H. P., & Hsu, C. L. Multimedia messaging service acceptance of pre-and post-adopters: A sociotechnical perspective [J]. International Journal of Mobile Communications, 2008, 6 (5): 598-615.

[64] Hung, S. Y., Ku, C. Y., & Chang, C. M. Critical factors of WAP services adoption: An empirical study [J]. Electronic Commerce Research & Applications, 2003, 2 (1): 42-60.

[65] Igbaria, M., Zinatelli, N., Cragg, P., & Cavaye, A. L. M. Personal computing acceptance factors in small firms: A structural equation model [J]. MIS Quarterly, 1997, 21 (3): 279-305.

[66] Jaworski, B. J., & Kohli, A. K. Market orientation: Antecedents and consequences [J]. Journal of Marketing, 1993, 57 (7): 53-70.

[67] Kaplan A M. If you love something, let it go mobile: Mobile marketing

and mobile social media [J]. Business Horizons, 2012, 55 (2): 129-139.

[68] Kaplan, R. S., & Norton, D. P. The balanced scorecard—measures that drive performance [J]. Harvard Business Review, 1992, 70 (1): 71-79.

[69] Karahanna, E., & Straub, D. W. The Psychological Origins of Perceived Usefulness and Ease of Use [J]. Information and Management, 1999, 35 (4): 237-250.

[70] Karjaluoto, H., Leppaniemi, M., & Salo, J. The role of mobile marketing in companies' promotion mix: Empirical evidence from Finland [J]. Journal of International Business and Economics, 2004, 2 (1): 111-116.

[71] Kavassalis, P., Spyropoulou, N., Drossos, D., Mitrokostas, E., Gikas, G., & Hatzistamatiou, A. Mobile permission marketing: Framing the market inquiry [J]. International Journal of Electronic Commerce, 2003, 8 (1): 55-79.

[72] Kent, R., & Brandal, H. Improving E-mail response in a permission marketing context [J]. International Journal of Market Research, 2003, 45 (4): 489-503.

[73] Kim, B. An empirical investigation of mobile data service continuance: Incorporating the theory of planned behavior into the expectation-confirmation model [J]. Expert Systems with Applications, 2010, 37 (10): 7033-7039.

[74] Kim, C., Mirusmonov, M., & Lee, I. An empirical examination of factors influencing the intention to use mobile payment [J]. Computers in Human Behavior, 2010, 26 (3): 310-322.

[75] Kim, H. W., Chan, H. C., and Gupta, S. Value-based Adoption of Mobile Internet: An empirical investigation [J]. Decision Support Systems, 2007, 43 (1): 111 -126.

[76] Kim, H., Lee, I., & Kim, J. Maintaining continuers vs. converting discontinuers: Relative importance of post-adoption factors for mobile data services [J]. International Journal of Mobile Communications, 2008, 6 (1): 108-132.

[77] Kim, J. W., Lee, B. H., Shaw, M. J., Chang, H. L., & Nelson, M. Application of decision-tree induction techniques to personalized advertisements on Internet storefronts [J]. International Journal of Electronic Commerce, 2001, 5 (3): 45-62.

[78] Kleijnen, M., Ruyter, K. D., & Wetzels, M. An assessment of value creation in mobile service delivery and the moderating role of time consciousness [J]. Journal of Retailing, 2007, 83 (1): 33-46.

[79] Kline, R. B. Principles and practice of structures (MACS) analysis of cross-cultural data: Practice and theoretical issues [J]. Multivariate Behavioral Research, 1998, 32: 53-76.

[80] Komulainen, H., Mainela, T., Sinisalo, J., Tahtinen, J., & Ulkuniemi, P. Business Models in the Emerging context of Mobile Advertising [A]. In the Proceedings of the eBRF—Frontiers of E-Business Research, Tampere, Finland, 2004.

[81] Koranteng, J. ZAP! There's no escaping the mobile ad [J]. Ad Age Global, January, 2001, 1 (5): 9.

[82] Kuo, Y. F., & Yen, S. N. Towards an understanding of the behavioral intention to use 3G mobile value-added services [J]. Computers in Human Behavior, 2009, 25 (1): 103-110.

[83] Leavitt, C., & Walton, J. Development of a Scale for Innovativeness [J]. Advances in Consumer Research, 1975, 2 (1): 545-555.

[84] Lee, C. C., & Hsieh, M. C. The influence of mobile self-efficacy on attitude towards mobile advertising [A]. International Conference on New Trends in Information and Service Science. IEEE Computer Society, 2009: 1231-1236.

[85] Lee, H., Kim, D., Ryu, J., & Lee, S. Acceptance and rejection of mobile TV among young adults: A case of college students in South Korea [J]. Telematics & Informatics, 2011, 28 (4), 239-250.

[86] Lee, R. , & Murphy, J. The consumption of mobile services by Australian University Students [J]. International Journal of Mobile Marketing, 2006, 1 (1): 13-20.

[87] Lee, T. The impact of perceptions of interactivity on customer trust and transaction intentions in mobile commerce [J]. Journal of Electronic Commerce Research, 2005, 6 (3): 165-181.

[88] Leppaniemi M. , & Karjaluoto H. Factors influencing consumers' willingness to accept mobile advertising: A conceptual model [J]. International Journal of Mobile Communications, 2005, 3 (3): 197-213.

[89] Leppaniemi, M. , & Brahe, P. The Success Factors of Mobile Advertising Value Chain [J]. The E-Business Review, 2004, 4 (1): 93-97.

[90] Leppaniemi, M. , Karjaluoto, H. , Salo, J. & Sinisalo, J. Factors affecting customer's willingness to receive mobile marketing [A]. In the Proceedings of the 4th International Conference on Research in Advertising (ICORIA), 2005, 249-253.

[91] Leppaniemi, M. , Sinisalo, J. & Karjaluoto, H. A review of mobile marketing research [J]. International Journal of Mobile Marketing, 2006, 1 (1): 30-40.

[92] Liao, C. H. , Tsou, C. W. , & Huang, M. F. Factors influencing the usage of 3G mobile services in Taiwan [J]. Online Information Review, 2007, 31 (6): 759-774.

[93] Lightner, N. J. , Yenisey, M. M. , Ozok, A. A. , & Salvendy, G. Shopping behavior and preferences in e-commerce of Turkish and American university students: Implications from cross-cultural design [J]. Behaviour & Information Technology, 2002, 21 (6): 373-385.

[94] Lin, C. C. J. , & Lu, H. Towards an understanding of the behavioural intention to use a web site [J]. International Journal of Information Management,

2000, 20 (3): 197-208.

[95] Lin, H. H., and Wang, Y. S. An examination of the determinants of customer loyalty in mobile commerce contexts [J]. Information & Management, 2006, 43 (3): 271-282.

[96] Lu, J., Liu, C., Yu, C. S., & Wang, K. Determinants of accepting wireless mobile data services in China [J]. Information & Management, 2008, 45 (1): 52-64.

[97] Lu, H., & Su, P. Y. Factors affecting purchase intention on mobile shopping web sites [J]. Internet Research, 2009, 19 (4): 442-458.

[98] Luarn, P., & Lin, H. H. Toward an understanding of the behavioral intention to use mobile banking [J]. Computers in Human Behavior, 2005, 21 (6): 873-891.

[99] Marketing Week. Mobile ad industry survey [J]. Marketing Week, 2001, 24 (33): 56.

[100] Mathieson, K. Predicting user intentions: comparing the technology acceptance model with the theory of planned behavior [J]. Information Systems Research, 1991, 2 (3): 173-191.

[101] Merisavo, M., Kajalo, S., Karjaluoto, H., Virtanen, V., Salmenkivi, S., Raulas, M., & Leppaniemi, M. An Empirical Study of the Drivers of Consumer Acceptance of Mobile Advertising [J]. Journal of Interactive Advertising, 2007, 7 (2): 41-50.

[102] MMA UK. What is mobile marketing [EB/OL]. http://www.mmaglobal.co.uk/mob-marketing/index.htm, 2003.

[103] Moon, J. W., & Kim, Y. G. Extending the TAM for a world-wide-web context [J]. Information and Management, 2001, 38 (4): 217-230.

[104] Moore, G. C., & Benbasat, I. Development of an instrument to measure the perceptions of adopting an information technology innovation [J].

Information Systems Research, 1991, 2 (3): 192-222.

[105] Morrison, A. J., & Roth, K. A taxonomy of business-level strategies in global industries [J]. Strategic Management Journal, 1992, 13 (6): 399-417.

[106] Mort, G. S., & Brennan, J. M-marketing: new directions in B2C e-business [J]. In the Proceedings of ANZMAC, Auckland, New Zealand, 2002.

[107] Mueller, R. O. Structural equation modeling: Back to basics [J]. Structural Equation Modeling, 1997, 4 (4): 353-369.

[108] Ngai E. W. T., & Gunasekaran A. A review for mobile commerce research and applications [J]. Decision Support Systems, 2007, 43 (1): 3-15.

[109] Norris, P. Digital divide: civic engagement, information poverty and the internet in democratic societies [M]. Cambridge University Press, New York, 2001.

[110] Nunnally, J. C. Psychometric Theory [M]. New York: McGraw-Hill, 1967.

[111] Nunnally J. C. Psychometric theory [J]. American Educational Research Journal, 1978, 5 (3): 83.

[112] Okazaki, S. Lessons learned from i-mode: What makes consumers click wireless banner ads? [J]. Computers in Human Behavior, 2007, 23 (3): 1692-1719.

[113] Okazaki, S. Mobile advertising adoption by multinationals: Senior executives' initial responses [J]. Internet Research, 2005, 15 (2): 160-180.

[114] Okazaki, S., & Taylor C. R. What is SMS advertising and why do multinationals adopt it? Answers from an empirical study in European markets [J]. Journal of Business Research, 2008, 61 (1): 4-12.

[115] Oliver, R. L. A cognitive model of the antecedents and consequences of satisfaction [J]. Journal of Marketing Research, 1980, 17 (4): 460-469.

[116] Peter, P. J., & Olson, J. C. Consumer behavior and marketing strate-

gy [M]. Irwin McGraw-Hill, Boston, 2002.

[117] Peters, B. The future of wireless marketing [EB/OL]. Carat Interactive Study, November 6, http://www.caratinteractive.com/resources/articles.html, 2002.

[118] Petty, R. D. Marketing without Consent: Consumer Choice and Costs, Privacy, and Public Poetry [J]. Journal of Public Policy & Marketing, 2000, 19 (1): 42-53.

[119] Petty, R. D. Wireless advertising messaging: Legal analysis and public policy issues [J]. Journal of Public Policy & Marketing, 2003, 22 (1): 71-82.

[120] Pijpers, G. G. M., Bemelmans, T. M. A., Heemstra, F. J., & van Montfort, K. A. G. M. Senior executives use of information technology [J]. Information and Software Technology, 2001, 43 (15): 959-971.

[121] Pousttchi, K., & Wiedemann, D. G. A contribution to theory building for mobile marketing: Categorizing mobile marketing campaigns through case study research [A]. International Conference on Mobile Business. IEEE Computer Society, 2006: 1-8.

[122] Rao, B., & Minakakis, L. Evolution of mobile location-based services [J]. Communications of the ACM, 2003, 46 (12): 61-65.

[123] Rettie, R., Grandcolas, U., & Deakins, B. Text message advertising: Response rates and branding effects. Journal of Targeting [J]. Measurement and Analysis for Marketing, 2005, 13 (4): 304-312.

[124] Riecken, D. Personalized views of personalization [J]. Communications of the ACM, 2000, 43 (8): 27-28.

[125] Rigdon, E. SEM FAQ [EB/OL]. http://www.gsu.edu/~mkteer/sem.html, 2005.

[126] Rogers, E. M. Diffusion of innovations (1st ed.) [M]. New York: Free Press, 1962.

[127] Rogers, E. M. Diffusion of innovations (4th ed.) [M]. New York: Free Press, 1995.

[128] Shankar V, Balasubramanian S. Mobile Marketing: A Synthesis and Prognosis [J]. Journal of Interactive Marketing, 2009, 23 (2): 118-129.

[129] Scharl A., Dickinger A., & Murphy J. Diffusion and success factors of mobile marketing [J]. Electronic Commerce Research and Applications, 2005, 4 (2): 159-173.

[130] Schierz, P. G., Schilke, O., & Wirtz, B. W. Understanding consumer acceptance of mobile payment services: An empirical analysis [J]. Electronic Commerce Research and Applications, 2010, 9 (3): 209-216.

[131] Sheppard, B. H., Hartwick, J., & Warshaw, P. R. The theory of reasoned action: a meta-analysis of past research with recommendations for modifications and future research [J]. Journal of Consumer Research, 1988, 15 (3): 325-343.

[132] Sinisalo, J., & Karjaluoto, H. The impact of mobile phone capabilities on mobile service usage: empirical evidence from Finland [J]. International Journal of Mobile Marketing, 2009, 4 (1): 4-11.

[133] Soroa-Koury, S., & Yang, K. C. C. Factors affecting consumers' responses to mobile advertising from a social norm theoretical perspective [J]. Telematics & Informatics, 2010, 27 (1): 103-113.

[134] Spurgeon, C. Losers and lovers: Mobile phone services advertising and the new media consumer/producer [J]. Journal of Interactive Advertising, 2005, 5 (2): 47-55.

[135] Standing, C., Benson, S., and Karjaluoto, H. Consumer Perspectives on Mobile Advertising and Marketing [A]. ANZMAC 2005 Conference: Electronic Marketing, 2005: 135-141.

[136] Sugai, P. Exploring the impact of handset upgrades on mobile content

and service usage [J]. International Journal of Mobile Communications, 2007, 5 (3): 281-299.

[137] Tahtinen, J., and Salo, J. Special features of mobile advertising and their utilization [A]. In the Proceedings of the 33rd EMAC Conference, Murcia, Spain, 2006.

[138] Taylor, S., & Todd, P. A. Understanding Information Technology Usage: A Test of Competing Models [J]. Information Systems Research, 1995, 6 (4): 144-176.

[139] Thompson, B. Ten commandments of structural equation modeling. In L. G. Grimm & P. R. Grimm, L. G., & Yarnold, P. R. Reading and understanding more multivariate statistics [J]. Washington, DC: American Psychological Association. 2000: 261-283.

[140] Thong, J. Y. L., Hong, S. J., & Tama, K. Y. The effects of post-adoption beliefs on the expectation-confirmation model for information technology continuance [J]. International Journal of Human-Computer Studics, 2006, 64 (9): 799-810.

[141] Tornatzky, L. G., & Klein, K. J. Innovation characteristics and innovation adoption-implementation: A meta-analysis of findings [J]. Engineering Management IEEE Transactions on, 1982, EM-29 (1): 28-45.

[142] Taylor D. G., Levin M. Predicting mobile app usage for purchasing and information-sharing [J]. International Journal of Retail & Distribution Management, 2014, 42 (8): 759-774.

[143] Tsang, M. M., Ho, S. C., & Liang, T. P. Consumer attitudes toward mobile advertising: An empirical study [J]. International Journal of Electronic Commerce, 2004, 8 (3): 65-78.

[144] Turel, O., Serenko, A., & Bontis, N. User acceptance of wireless short messaging services: Deconstructing perceived value [J]. Information & Man-

agement, 2007, 44 (1): 63-73.

[145] Varnali, K., & Toker, A. Mobile marketing research: The-state-of-the-art [J]. International Journal of Information Management, 2010, 30 (2): 144-151.

[146] Venkatesh, V. Creation of favorable user perceptions: Exploring the role of intrinsic motivation [J]. Mis Quarterly, 1999, 23 (2): 239-260.

[147] Venkatesh, V., Davis, F. D. A theoretical extension of the technology acceptance model: Four longitudinal field studies [J]. Management Science, 2000, 46 (2): 186-204.

[148] Venkatesh, V., Morris, M. G., Davis, G. B., and Davis, F. D. User acceptance of information technology: Toward a unified view [J]. Mis Quarterly, 2003, 27 (3): 425-478.

[149] Jain, V., Pant, S., & Daswani, A. Mobile marketing: The emerging indian perspective [J]. International Journal of Mobile Marketing, 2011, 6 (2): 17-27

[150] Wang, Y. S., & Liao, Y. W. The conceptualization and measurement of m-commerce user satisfaction [J]. Computers in Human Behavior, 2007, 23 (1): 381-398.

[151] Watson, R. T., Zinkhan, G., Berthon, P., & Pitt, L. Electronic commerce: the strategic perspective [J]. Electronic Commerce, 2008.

[152] Wu, J. H., & Wang, S. C. What drives mobile commerce? An empirical evaluation of the revised technology acceptance model [J]. Information & Management, 2005, 42 (5): 719-729.

[153] Xu, D. J., Liao, S. S., & Li, Q. Combining empirical experimentation and modeling techniques: A design research approach for personalized mobile advertising applications [J]. Decision Support Systems, 2008, 44 (3): 710-724.

[154] Yang, K. C. C. Exploring Factors Affecting Consumer Intention to Use Mobile Advertising in Taiwan [J]. Journal of International Consumer Market-

ing, 2007, 20 (1): 33-49.

[155] Yi, M. Y., Fiedler, K. D., & Park, J. S. Understanding the role of individual innovativeness in the acceptance of IT-based innovations: Comparative analyses of models and measures [J]. Decision Sciences, 2006, 37 (3): 393-426.

[156] Yi, M. Y., & Hwang, Y. Predicting the use of web-based information systems: self-efficacy, enjoyment, learning goal orientation and the technology adoption model [J]. International Journal of Human-Computer Studies, 2003, 59 (4): 431-449.

[157] Yang, K. C. C. Exploring factors affecting the adoption of mobile commerce in Singapore [J]. Telematics and Informatics, 2005, 22 (3): 257-277.

[158] 安旸. 华为手机微博营销的舆论引导研究 [D]. 辽宁大学, 2017.

[159] 柏丽娟, 王婵. 浅析手机二维码的移动营销价值 [J]. 北方经贸, 2014, (4): 40.

[160] 常亚平, 朱东红. 基于消费者创新性视角的网上购物意向影响因素研究 [J]. 管理学报, 2007, 4 (6): 820-823.

[161] 崔楠, 徐文豪, 白琼瑶, 等. 基于地点特征的移动营销研究综述与展望 [J]. 外国经济与管理, 2016, 38 (11): 3-13.

[162] 查克·马丁. 决胜移动终端: 移动互联时代影响消费者决策的6大关键 [M]. 浙江人民出版社, 2014.

[163] 恰克·马丁 (Chuck Martin). 决战第三屏: 移动互联网时代的商业与营销新规则 [M]. 电子工业出版社, 2013.

[164] 常征, 李中心. 微信营销问题分析——以化妆品为例 [J]. 现代商业, 2014 (32): 50-51.

[165] DNB银行行销案例《唱诗班》[EB/OL]. HTTP: //v. youku. com/v_ show/id_ XMzQ3MzU4ODA0. html, 发布时间2012-01-31, 查阅时间2018-04-10.

[166] 冯利芳. 手机扫描: 移动营销催化剂 [J]. 成功营销, 2011 (4):

20-22.

［167］符国群．消费者行为学［M］．高等教育出版社，2001.

［168］关小云．星巴克送你一座花园［J］．思维与智慧，2016，(5)：31.

［169］运行监测协调局，2018年2月份通信业经济运行情况［EB/OL］. 2018-03-23［2018-04-08］. http：//www.miit.gov.cn/n1146312/n1146904/n1648372/c6104255/content.html.

［170］何军红，莫赞，刘洪伟，艾丹祥．基于技术影响的移动营销接受模型研究［J］．统计与决策，2013，(22)：171-173.

［171］何德华，鲁耀武．移动营销：基于短信息服务的消费者接受实证研究［J］．商业研究，2009（4）：127-131.

［172］胡维平．基于手机二维码的零售营销策略研究［J］．经济研究导刊，2012（34）：201-202.

［173］黄杰．基于改进TAM模型的消费者移动购物接受影响因素研究［D］．北京邮电大学，2013.

［174］黄丽娟，夏筱萌．移动营销研究述评与展望［J］．外国经济与管理，2015（10）：58-68.

［175］金婉怡，黄红梅，翟亮亮，等．消费者移动购物行为及其影响因素研究——基于555个样本［J］．商业时代，2016（16）：53-56.

［176］金学成．品牌移动APP体验对品牌沟通效果影响的实证研究［D］．北京：对外经济贸易大学，2014.

［177］李国卫．研究机构称全球手机用户总数超过50亿［EB/OL］. http：//www.22shop.com/article-7685.html，2010-07-07.

［178］梁瑞仙．我国中小企业的移动互联网营销策略研究［J］．改革与战略，2017（2）：110-112.

［179］李欣璟．移动互联时代的APP营销［J］．传播与版权，2014（8）：93-94.

［180］刘振华．B2C环境下移动购物持续使用意愿的影响因素研究——

基于期望确认模型［J］. 商业经济研究, 2017（17）: 49-52.

［181］刘遗志, 刘煜. 消费者创新性对移动购物意愿的影响——基于扩展的技术接受模型视角［J］. 中国流通经济, 2015, 29（7）: 102-108.

［182］雷英. 化妆品“微时代”的营销新思路［J］. 中国市场, 2016（14）: 10-12.

［183］马小薇. 短信网址, 移动营销新天空?［J］. 电子商务, 2007（4）: 35-36.

［184］慕艳平.“超级媒体”手机二维码的移动营销价值及应用［J］. 现代商业, 2012（29）: 71-72.

［185］聂雅兰. 移动互联网时代 APP 营销［J］. 东方企业文化, 2013（13）: 82-83.

［186］孙永波, 高雪. 移动 APP 营销研究评述与展望［J］. 管理现代化, 2016, 36（1）: 82-85.

［187］沈璐, 庄贵军, 郭茹. 复杂型购买行为模式下的在线购买意愿: 以网购汽车为例的网络论坛扎根研究［J］. 管理评论, 2015, 27（9）: 221-230.

［188］史永进. 移动互联时代细分客户的营销策略优化［J］. 商业经济研究, 2017（2）: 63-65.

［189］孙娇娇, 孙永波. 消费者决策风格和感知价值对生鲜移动网购意愿的影响研究［J］. 商业经济研究, 2017（16）: 77-79.

［190］孙强, 黄蓓蓓. 微博井喷式发展动力何在?——从用户特征角度分析中国微博发展的动力因素［J］. 广告大观（理论版）, 2010（6）: 49-57.

［191］唐荔. 颠覆传媒——无线营销的未来［J］. 市场观察, 2005（9）: 99-102.

［192］王黎. 短信网址领跑移动营销［J］. 企业管理, 2007（6）: 100-101.

［193］吴明隆. 结构方程模型——AMOS 的操作与应用［M］. 重庆大学出版社, 2009.

[194] 吴明隆. 问卷统计分析实务——SPSS 操作与应用 [M]. 重庆大学出版社, 2010.

[195] 吴明隆: 问卷统计分析实务——SPSS 操作与应用 [M]. 重庆大学出版社, 2010.

[196] 魏斌, 桑岳. 微信营销分析——基于 SoLoMo 的应用以及星巴克中国 [J]. 电子技术与软件工程, 2014, (10): 35.

[197] 魏巍. 大数据时代移动营销现状及发展趋势研究 [J]. 长沙理工大学学报 (社会科学版), 2015 (4): 118-123.

[198] 黄薇, 谈超洪. 二维码在电信营销中的应用分析 [J]. 网络安全技术与应用, 2016 (7) : 115-116.

[199] 席志刚. 移动营销驶入快车道——信息名址创造移动电子商务新商机 [J]. 当代通信, 2005 (22): 30-31.

[200] 谢群斌. 移动营销在企业中的应用研究 [J]. 福建广播电视大学学报, 2009 (4): 31-34.

[201] 谢园, 刘晓云, 胡佳盟. 寻找移动营销之 KEY [J]. 成功营销, 2011 (7): 40-41.

[202] 薛薇. SPSS 统计分析方法及应用 [M]. 电子工业出版社, 2006.

[203] 徐树华, 王娇. 移动营销及营销模式的发展历程 [J]. 移动通信, 2011, 35 (23): 60-63.

[204] (美) Cindy Krum, 克鲁姆; 唐兴通等译. 移动营销的魔力: 让你的客户无处可逃 [M]. 电子工业出版社, 2012.

[205] 许统. 手机二维码在国内的发展及应用 [J]. 电脑与信息技术, 2011 , 19 (3) : 62-63.

[206] 杨君. 无线营销浅谈 [J]. 技术与市场, 2007 (2).

[207] 宇阳. 移动营销升温助温迪一展身手 [J]. 国际品牌观察, 2010 (8): 65.

[208] 岳彩周. “第五媒体” 带来移动营销新拐点 [J]. 通信世界,

2007（38）.

［209］袁政，李思颖．移动 APP 在企业营销传播中的应用——以“星巴克中国”APP 为例［J］．青年记者，2015（6）：81-82.

［210］杨路明，李沁芸．移动消费者购物影响因素研究［J］．学术探索，2016（5）：97-103.

［211］尹妍．微信营销的策略与局限——以“逻辑思维”微信公众号为例［J］．青年记者，2014，（26）：77-78.

［212］杨鑫．基于微信公众账号的品牌营销对品牌关系质量的影响研究［D］．上海交通大学，2014.

［213］朱海松．第五媒体［M］．广东经济出版社，2005.

［214］朱海松．无线广告［M］．广东经济出版社，2007.

［215］朱海松．无线营销［M］．广东经济出版社，2006.

［216］朱海松．第一媒体［M］．广东经济出版社，2011.

［217］邹翔，仲伟俊，梅姝娥．基于地理定向的移动优惠券策略［J］．系统管理学报，2016，25（5）：948-954.

［218］左石华．中小企业移动营销的问题与对策研究［J］．长沙理工大学学报（社会科学版），2014，29（4）：82-85.

［219］（美）珍妮·霍普金斯，杰米·特纳著，黎涓，吴睿译．引爆移动：通过移动技术和工具驱动业绩增长［M］．电子工业出版社，2013.